AF369773

ŒUVRES

DE

MACHIAVEL

TOME SEPTIEME.

ŒUVRES

DE

MACHIAVEL.

NOUVELLE ÉDITION.

CONTENANT les cinq derniers Livres de l'ART DE LA GUERRE.

Machiavel était un honnête homme et un bon citoyen.... En feignant de donner des leçons aux rois, il en a donné de grandes aux peuples. Le *Prince* de Machiavel est le livre des Républicains.

Contrat social, *Liv*. 3. *Chap*. **6**

TOME SEPTIEME.

A PARIS,

Chez VOLLAND, Imprimeur-Libraire, quai des Augustins, N°. 25.

1793.

DE L'ART

DE LA

GUERRE.

LIVRE TROISIEME.

Rucellai. Puisque nous changeons de discours, je prétens que nous changions aussi de faiseurs d'objections & de demandes ; car je ne voudrois pas passer pour présomptueux, défaut que j'ai toujours blâmé chez les autres. C'est pourquoi je me démets de cette charge entreles mains de celui de ces mesieurs qui voudra l'accepter.

Zanobe. Nous étions très-contens que vous

continuassiez ; mais puisque vous ne le voulez plus, nommez au moins votre successeur.

RUCELLAI. Je donne cette commission au seigneur Colonne lui-même.

COLONNE. Je l'accepte volontiers, & j'ordonne que nous suivions la coutume de Venise, que le plus jeune parle le premier, parce que c'est ici l'exercice de la jeunesse. Je me persuade qu'elle est aussi propre à en bien parler comme elle est prompte à en bien faire les exécutions.

RUCELLAI. C'est dont votre tour, seigneur Alamanni. Et comme je suis fort aise qu'il soit mon successeur, je crois, Messieurs, que vous en serez aussi fort contens. Mais ne perdons point de tems je vous prie, & retournons à notre sujet.

COLONNE. Je suis assuré que qui voudroit faire voire la meilleure ordonnance d'une armée pour donner bataille, il faudroit rapporter comment les Grecs & les Romains disposoient leurs troupes dans les armées. Néanmoins comme vous pouvez vous-mêmes vous en éclaircir chez les auteurs, je passerai par-dessus beaucoup de choses, & je ne parlerai que de ce qu'il me semblera qu'on doit imiter, pour donner quelque sorte de perfection à notre milice : ce qui fera que, sans perdre de tems, je montrerai comment une armée peut être mise en ordonnance pour une bataille; ce qu'elle aura à faire dans un véritable combat; & comment on la doit exercer dans un combat simulé. Le plus grand défaut où tombent ceux qui mettent une armée en bataille pour en venir aux mains, c'est de ne lui donner qu'une tête, de la mettre en état de ne donner qu'un choc & de dépendre du prémier caprice de la fortune. Ce défaut vient de ne pratiquer plus la méthode des anciens, qui consistoit à faire rentrer un bataillon dans un autre, parce que sans cela on ne peut ni secourir les premiers, ni les défendre, ni prendre leur place dans le combat; ce que les Romains faisoient parfaitement bien. Pour donc vous enseigner cette méthode, je vous dirai comment les Romains partageoient leurs légions en trois. Les premiers étoient des gens de javelot qu'on mettoit à la tête de l'armée dans des rangs fort serrés & fermes; ceux qui suivoient, & qu'on appelloit princes, étoient arrangés plus largement; & les derniers de tous, qu'on appelloit triaires, tenoient leurs rangs si ouverts, qu'en cas de besoin ils pouvoient recevoir au milieu d'eux, & les gens de javelot, & les princes. Outre ces trois sortes de gens, ils avoient des frondeurs, des arbalettiers, & autres armés à la légere, qui n'entroient point dans les rangs de ceux-ci, mais ils étoient postés à la tête de l'armée, entre l'infanterie & la cavalerie. C'étoit donc ces gens armés à la légere qui attachoient le combat; & s'ils avoient l'avantage, (ce qui arrivoit rarement) ils poussoient leur pointe ; s'ils avoient du pire, ils faisoient retraite sur les flancs de l'armée, ou dans des espaces ordonnés pour cela, où ils se mettoient avec les valets & autres non-combattans de l'armée. Après cette retraite, les gens de javelot venoient aux mains, qui, s'ils se voyoient les moins forts, se retiroient doucement dans les rangs des princes, & s'étant tous ralliés, ils recommençoient le combat. Si ceux-ci, quoique joints ensemble, venoient encore à être forcés, ils se retiroient dans les rangs des triaires, & faisant les uns & les autres un gros corps, ils recommençoient encore le combat, dans lequel, s'ils étoient vaincus, il n'y avoit plus de ressource ; car il n'y avoit plus de quoi remplacer & rafraîchir les troupes qui avoient eu du pire. La cavalerie étoit sur les angles de l'armée en forme d'ailes & tantôt ils combattoient contre la cavalerie ennemie, tantôt ils secouroient l'infanterie, selon le besoin. Cette maniere de se rafraîchir trois fois est presque invincible, parce qu'il faut que la fortune vous abandonne trois fois, & que l'ennemi ait assez de bravoure pour pouvoir vous vaincre autant de fois. Les Grecs n'avoient pas dans leurs phalanges cette maniere de les rafraîchir, & bien qu'ils y eussent beaucoup d'officiers & de très-bons ordres, néanmoins ils ne faisoient de ces phalanges qu'un corps, ou une tête. La méthode qu'ils avoient pour subvenir les uns aux autres n'étoit pas rang dans l'autre, mais de faire r'entrer un comme celle des Romains faisant r'ent er un homme en la place de l'autre ; ce qu'ils exécutoient ainsi. Quand leur phalange étoit ordonnée en files, que nous poserons de cinquante hommes chacune, ils venoient de la tête de cette phalange attaquer l'ennemi avec toutes leurs files, dont les six premieres pouvoient combattre, parce que leurs piques étoient si longues, que le fer des piques de la sixieme file alloit jusqu'audelà de premiere. Pendant le com¹ at donc, si dans la premiere file quelqu'un tomboit mort ou blessé, aussi-tôt celui de la seconde, qui étoit derriere le défunt, remplissoit son poste ; & le poste vacant de cette seconde file étoit rempli par une autre soldat, qui étoit justement derriere la troisieme file, & ainsi successivement ; & en un instant les files de derriere réparoient les pertes de celles de devant, ensorte qu'elles étoient toujours entieres, & l'on n'y voyoit aucun poste dégarni de combattans, excepté dans le dernier rang , qui diminuoit toujours, n'y ayant personne derriere pour le remplir. Ainsi les pertes des premiers rangs détruisoient les derniers , pendant que par ce moyen les premiers demeuroient toujours entiers: ce qui faisoit que ces phalanges, par un tel ordre, étoient plutôt consumées que rompues , parce que la grosseur de ces corps les rendoit plus fermes. Au commencement les Romains mirent en pratique cette ordonnance, ayant mis leurs légions sur le pied des phalanges. Depuis cet ordre ne leur plut pas, & ils partagerent leurs légions en plusieurs corps , à savoir, en cohortes , & en pelotons, parce que comme je l'ai déjà dit, ils penserent qu'un corps, qui avoit plus d'une ame , avoit plus de vie; ce qui arrive lorsqu'ayant plusieurs parties, chacune est munie de ce qu'il lui faut pour la gouverner. Les régimens suisses gardent en ce tems tout l'ordre des phalanges, tant pour ce qui regarde l'ordonnance d'être toujours gros & entiers, que pour se soutenir les uns les autres ; & dans une journée ils postent leurs bataillons sur les flancs & à la queue les uns des autres. Ce n'est pas leur méthode, que l'un faisant retraite, entre dans les rangs de l'autre; mais pour se soutenir les uns les autres, voyez l'ordre qu'ils observent. Ils postent un régiment devant & l'autre derriere, vers le flanc à droite; ensorte que, si le premier a besoin de secours, ce second-ici marche avant & le soutient; ils postent le troisieme régiment derriere ces deux ici, mais éloignés de la portée du mousquet. Ils font cela, afin que si les deux premiers sont repoussés, ce troisieme puisse marcher avant, & afin aussi qu'ils aient assez de terrein & les uns &les autres, pour que ceux qui sont repoussés ne tombent point sur ceux qui les doivent soutenir; car un gros corps ne peut pas être reçu comme un petit; & c'est pour cela que les petits corps si distincts & si bien partagés, qui composoient une légion romaine, pouvoient bien se poster ensorte qu'ils pussent se recevoir les uns les autres, & ainsi se soutenir avec facilité. Mais pour faire voir que cette méthode des Suisses n'est pas si bonne que celle de l'ancienne Rome, il n'y a qu'à se souvenir, que toutes les fois que les légions en sont venues aux mains avec les phalanges, ces dernieres ont toujours été défaites, parce que les armes, dont se servoient les Romains, & leur maniere de s'entresoutenir, étoient sans comparaison meilleures que la grosseur des phalanges, & les armes dont elles

se servoient. Si donc j'avois à former un corps
d'armée sur tous ces modèles, je voudrois prendre les armes & les manieres, en partie des
Grecs, & en partie des Romains ; c'est pourquoi
j'ai dit, que dans un régiment il faudroit avoir
deux milles piques, qui sont les armes des
phalanges Macédoniennes, & trois mille boucliers & épées, qui sont les armes des Romains.
J'ai partagé le régiment en dix bataillons comme
les Romains partageoient la légion en dix cohortes. J'ai disposé les gens armés à la légere
comme leurs vélites, pour attacher le combat.
Et parce que les armes étant ainsi mêlées, elles
tiennent de l'une & de l'autre nation, je veux
qu'elles en tiennent encore dans l'ordonnance. J'ai
donc établi pour cet effet que tout bataillon
aura à sa tête cinq rangs de piquiers, & le reste
d'écuyers, afin que la tête puisse soutenir le
choc de la cavalerie, & pénétrer facilement dans
les bataillons des ennemis ; car ayant des piquiers
comme eux, cela me servira à les soutenir d'abord,
& les écuyers à les vaincre. Si vous remarquez
bien la force de toutes ces armes, vous verrez
qu'elles feront toutes fort bien leur effet : premierement, parce que les piques sont bonnes
contre la cavalerie, qui lorsqu'elle donne
sur l'infanterie est dans le commencement

d'un bon service, mais seulement devant que l'on combatte de près, parce que dans la mélée elle est inutile. C'est ce qui fait que les Suisses, pour éviter cet inconvénient, mettent un rang d'halebardiers après trois rangs de piquiers, afin de leur donner de l'espace, parce qu'ils en manquent beaucoup ; mais cette méthode ne donne pas encore assez de terrein pour le mouvement de la pique. Postons donc nos piquiers à la téte, que nous épaulerons de nos écuyers. Les premiers soutiendront le choc de la cavalerie, & lorsque le combat s'attache, ils ouvrent & incommodent l'infanterie : mais dans la mélée, lorsque les piquiers seront inutiles, nous ferons succéder les écuyers avec leurs épées, qui peuvent aisément se manier dans les lieux les plus serrés.

ALAMANNI. Nous souhaitons avec passion d'entendre à présent comment vous conduirez l'armée dans un jour de bataille avec ces armes & cette ordonnance.

COLONNE. Et moi, je ne prétens pas vous montrer autre chose pour l'heure, que ceci. Vous devez premierement savoir qu'une armée Romaine ordinaire, qu'on appelloit armée consulaire, n'étoit composée que de deux légions de citoyens Romains, qui faisoient en tout six cens chevaux & onze mille fantassins. Ils avoient,

outre cela, un pareil nombre de troupes auxiliaires, que les confédérés leur envoyoient,
qu'ils partageoient en deux corps, dont l'un
s'appelloit l'aîle droite, & l'autre l'aîle gauche.
Jamais ils ne souffroient que l'infanterie des confédérés surpassât en nombre celle de leurs
légions ; mais pour la cavalerie, ils étoient fort
aises que le nombre en fût plus grand que le
leur. Avec une telle armée, qui n'avoit que
vingt - deux mille fantassins : & environ deux
mille chevaux de service, un consul Romain
entreprenoit tout ce qui se pouvoit présenter
alors. Mais quand les forces de leurs ennemis
étoient trop grandes, les deux consuls s'unis-
soient avec leurs armées. Il faut que vous sachiez
encore que dans les trois principales choses
que font les armées, qui sont, marcher, camper
& combattre, ils mettoient toujours les légions
au milieu, parce qu'ils vouloient que les forces,
auxquelles ils avoient le plus de confiance, fussent
toujours unies, comme je vous montrerai en
parlant de ces trois choses-là. Cette infanterie
auxiliaire, étant exercée & conduite comme les
légions, rendoit autant de service qu'elles. Quand
on sait comment les Romains disposoient une
légion dans l'armée pour une bataille, on sait
comment ils disposoient toute l'armée même.

Et puisque j'ai dit qu'ils faisoient trois corps de leurs légions, & de quelle maniere ces corps donnoient retraite les uns aux autres , je vous ai représenté par - là toute l'ordonnance d'une armée dans un jour de bataille.

Si donc je veux donner bataille sur le modèle des Romains , comme ils avoient deux légions , je prendrai aussi deux régimens ; & quand je les aurai rangé en bataille, on comprendra aisément toute l'ordonnance d'une armée ; car lorsqu'on mettra plus de gens , il n'y aura qu'à faire les rangs plus forts. Je ne pense pas qu'il soit nécessaire que je répète ici combien un régiment a de gens ; comment il est partagé en dix bataillons ; quels officiers il y a dans chacun , quelles sont leurs armes , & ce que c'est que les piquiers & les vélites ordinaires & extraordinaires , parce que je viens de vous les expliquer distinctement ; en vous priant de vous en souvenir comme de chose nécessaire à entendre tout le reste : c'est pourquoi j'y viendrai sans répéter le surplus. On range donc les dix bataillons d'un régiment à gauche, & les dix autres du second régiment à droite. Les bataillons du régiment, qui est sur la gauche, doivent être rangés ainsi : postez cinq bataillons à la téte sur les flancs l'un de l'autre, ensorte qu'il y ait huit pieds d'espace entre eux ; que de front ils occupent un terrein qui ait la longueur de quarante-sept toises , & qu'ils en aient de hauteur treize & deux pieds. Derriere ces cinq bataillons j'en posterois trois autres , éloignés en ligne droite des premiers de la même étendue de treize toi>es & deux pieds. Deux de ces derniers seroient justement vis-à-vis les extrémités des autres , & le troisieme tiendroit le terrein entre deux ; ainsi, ces trois ici occuperoient , & de front , & de hauteur, autant de terrein que les cinq autres. Mais au lieu que les premiers ne sont éloignés entre eux que de la longueur de huit pieds , ceux ci le seroient d'onze toises. Ensuite je posterois les deux derniers bataillons derriere les trois en ligne droite, mais dans la distance de la longueur de treize toises & deux pieds ; & je posterois ceux-ci vis-à vis les extrémités des autres , ensorte que le terrein , qui resteroit entre ces deux ici, seroit de la longueur de quinze toises & deux pieds. Tous ces bataillons donc , ainsi postés, occuperoient un terrein de quarante sept toises de front , & de soixante-six & quatre pieds de hauteur. J'étendrois les piquiers extraordinaires en flanc , à gauche de ces bataillons, mais éloignés d'eux de six toises & quatre pieds ; & j'en ferois cent-quarante files , de sept hommes chaque file, ensorte qu'ils couvriroient tout le flanc gauche de ces bataillons, rangés comme je viens de dire. Il resteroit de ces piquiers quarante files pour garder le bagage & le train qui seroit à la queue de l'armée, en distribuant les dixeniers & les capitaines dans leurs postes. Pour les trois commandans, j'en mettrois un à la tête, l'autre au milieu, & le troisieme dans la derniere file. Mais pour revenir à la tête de l'armée, je vous dirai que je placerois auprès des piquiers extraordinaires les vélites extraordinaires, qui sont cinq cens; & je leur donnerois un terrein de treize toises & deux pieds. Sur le flanc, à gauche de ces vélites, je placerois les gendarmes, à qui je donnerois un terrein de soixante-quinze toises. Derriere eux je posterois les chevaux légers, à qui je donnerois le même terrein qu'aux gendarmes. Je laisserois les vélites ordinaires auprès de leurs bataillons, & ils seroient postés dans le terrein que j'ai laissé entre chacun desdits bataillons, desquels ils seroient comme les valets, à moins que je ne les misse à couvert sous les piquiers extraordinaires; ce que quelquefois je pourrois faire, & quelquefois non, suivant l'avantage que j'en pourrois tirer. Pour le colonel, je le posterois dans le terrein qui est entre le premier

& le second rang des bataillons ; ou bien à la tête, & dans le terrein qui est entre le dernier des cinq premiers bataillons & les piquiers extradinaires, selon que j'y trouverois plus ou moins mon compte. Je mettrois auprès de sa personne trente ou soixante hommes choisis, qui eussent assez de jugement pour bien exécuter un ordre, assez de valeur pour bien soutenir un choc. Je voudrois qu'avec cela il fût entre le drapeau & le tambour. Voilà l'ordonnance dans laquelle je mettrois un régiment sur la main gauche, & ce seroit justement la moitié de l'armée, qui occuperoit en tout quatre vingt-quinze toises & deux pieds de front : & pour la hauteur, ce que j'ai dit ci-dessus, en ne comptant point le terrein qu'occuperoit cette partie des piquiers extraordinaires, destinés pour garder le bagage & les gens sans défense, ce qui seroit en tout environ trente-trois toises & deux pieds. Je posterois l'autre régiment sur la droite dans la même ordonnance que le premier, laissant de terrein entre les deux la largeur de dix toises ; & à la tête de cet espace je mettrois quelques pieces d'artillerie, derriere lesquelles je posterois le général de l'armée, ayant autour de lui, avec l'enseigne générale & ses instrumens de musique militaire, au moins deux cens hommes choisis, & la plupart à pied,

ART DE LA GUERRE.

Cinquieme figure, qui se rapporte à la même page 15 du tome VII.

Armée de deux régimens en bataille, faisant front d'un seul côté.

Le front.

```
  I      Q      OO  OO    OO       OO       OO       OO       OO        OO       OO       OO       OO       OO                 Q      I
 150    150   500   1000    450      450      450      450      450       450      450      450      450      450    100   500   150    150
yyyyy  ggggg  tttt  eeee  r*ddd*r  r*ddd*r  r*ddd*r  r*ddd*r  r*ddd*r   r*ddd*r  r*ddd*r  r*ddd*r  r*ddd*r  r*ddd*r  eeee  tttt  ggggg  yyyyy
yyyyy  ggggg  tttt  eeee  r*ddd*r  r*ddd*r  r*ddd*r  r*ddd*r  r*ddd*r   r*ddd*r  r*ddd*r  r*ddd*r  r*ddd*r  r*ddd*r  eeee  tttt  ggggg  yyyyy
yyyyy  ggggg  tttt  eeee  r*ddd*r  r*ddd*r  r*ddd*r  r*ddd*r  r*ddd*r   r*ddd*r  r*ddd*r  r*ddd*r  r*ddd*r  r*ddd*r  eeee  tttt  ggggg  yyyyy
yyyyy  ggggg  tttt  eeee  rxoooxr  rxoooxr  rxoooxr  rxoooxr  rxoooxr   rxoooxr  rxoooxr  rxoooxr  rxoooxr  rxooorx  eeee  tttt  ggggg  yyyyy
yyyyy  ggggg  tttt  eeee  rxoooxr  rxoooxr  rxoooxr  rxoooxr  rxoooxr   rxoooxr  rxoooxr  rxoooxr  rxoooxr  rxoooxr  eeee  tttt  ggggg  yyyyy
yyyyy  ggggg  tttt  eeee  rxoooxr  rxoooxr  rxoooxr  rxoooxr  rxoooxr   rxoooxr  rxoooxr  rxoooxr  rxoooxr  rxoooxr  eeee  tttt  ggggg  yyyyy
yyyyy  ggggg  tttt  eeee  rxoooxr  rxoooxr  rxoooxr  rxoooxr  rxoooxr   rxoooxr  rxoooxr  rxoooxr  rxoooxr  rxoooxr  eeee  tttt  ggggg  yyyyy
yyyyy  ggggg  tttt  eeee  rxoooxr  rxoooxr  rxoooxr  rxoooxr  rxoooxr   rxoooxr  rxoooxr  rxoooxr  rxoooxr  rxoooxr  eeee  tttt  ggggg  yyyyy
              eeee                                                                                                   eeee
              eeee                                                                                                   eeee
              eeee        00000                                    00000                                    00000    eeee
              eeee        s P z                                    s G z                                    s p z    eeee
              eeee        00000                                    00000                                    00000    eeee
              eeee                                                                                                   eeee
              eeee                                                                                                   eeee
              eeee                                                                                                   eeee
              eeee          450               450               450       458               450               450    eeee
              eeee        r*ddd*r           r*ddd*r           r*ddd*r   r*ddd*r           r*ddd*r           r*ddd*r  eeee
              eeee        r*ddd*r           r*ddd*r           r*ddd*r   r*ddd*r           r*ddd*r           r*ddd*r  eeee
              eeee        r*ddd*r           r*ddd*r           r*ded*r   r*ddd*r           r*ddd*r           r*ddd*r  eeee
              eeee        rxoooxr           rxoooxr           rxoooxr   rxoooxr           rxoooxr           rxoooxr  eeee
              eeee        rxoooxr           rxoooxr           rxoooxr   rxoooxr           rxoooxr           rxoooxr  eeee
              eeee        rxoooxr           rxoooxr           rxoooxr   rxoooxr           rxoooxr           rxoooxr  eeee
              eeee        rxoooxr           rxoooxr           rxoooxr   rxoooxr           rxoooxr           rxoooxr  eeee
              eeee        rxoooxr           rxoooxr           rxoooxr   rxoooxr           rxoooxr           rxoooxr  eeee
              eeee                                                                                                   eeee
              eeee                                                                                                   eeee
              eeee                                                                                                   eeee
              eeee                                                                                                   eeee
              eeee                                                                                                   eeee
              eeee                                                                                                   eeee
              eeee                                                                                                   eeee
              eeee                                                                                                   eeee
              eeee                                                                                                   eeee
              eeee          450                                 450       450                                 450    eeee
              eeee        r*ddd*r                             r*ddd*r   r*ddd*r                             r*ddd*r  eeee
              eeee        r*ddd*r                             r*ddd*r   r*ddd*r                             r*ddd*r  eeee
              eeee        r*ddd*r                             r*ddd*r   r*ddd*r                             r*ddd*r  eeee
              eeee        rxooorx                             rxoooxr   rxoooxr                             rxoooxr  eeee
              eeee        rxooorx                             rxoooxr   rxoooxr                             rxoooxr  eeee
              eeee        rxooorx                             rxoooxr   rxoooxr                             rxoooxr  eeee
              eeee        rxooorx                             rxoooxr   rxoooxr                             rxoooxr  eeee
              eeee        rxooorx                             rxoooxr   rxoooxr                             rxoooxr  eeee
```

ART D

ʒure, qui se ra

née de deux régi

I	Q	OO	O	OO		I
150	150	500	10	450	450	150
yyyyy	ggggg	tttt	ee	r*ddd*r	r*ddd*yyyy	
yyyyy	ggggg	tttt	ee	r*ddd*r	r*ddd*yyyy	
yyyyy	ggggg	tttt	ee	r*ddd*r	r*ddd*yyyy	
yyyyy	ggggg	tttt	ee	rxoooxr	rxooooyyyy	
yyyyy	ggggg	tttt	ee	rxoooxr	rxooooyyyy	
yyyyy	ggggg	tttt	ee	rxoooxr	rxooooyyyy	
yyyyy	ggggg	tttt	ee	rxoooxr	rxooooyyyy	
yyyyy	ggggg	tttt	ee	rxoooxr	rxooooyyyy	
			ee			
			ee			
			ee			
			ee			
			ee			

entre lesquels il faudroit qu'il y en eût ·dix,
ou plus , propres à exécuter toutes sortes de
commandemens. Je voudrois què ce général fût
à cheval, & armé d'une maniere qu'il pût être
pied à terre & monté, toutes les fois que l'un
ou l'autre seroit nécessaire. Il suffiroit d'avoir
dans l'armée , pour battre les villes , dix pieces
de canon du poid d'environ trente-six livres de
balle , dont je me servirois en campagne, plus
pour garder mes retranchemens, que pour livrer
bataille. Pour le reste de l'artillerie, il fuffiroit
qu'il fût d'environ huit livres de balle; & pour
celle-ci , je la placerois à la tête de toute l'armée,
si le terrein n'étoit pas assez avantageux pour
la placer en flanc, dans quelque situation assez
sûre pour qu'elle ne reçût point d'échec de
la contre – batterie de l'ennemi. (*Figures IV.
& V.*)

Cette ordonnance d'armée ainsi établie peut,
en combattant, suivre l'ordre des phalanges &
celui des légions ; car vous avez les piquiers à
la tête, & tous les fantassins sont postés de
maniere dans les files, que ceux de derriere
peuvent remplacer ceux de devant, comme dans
les phalanges. D'autre côté, s'ils reçoivent un
choc assez furieux pour rompre leurs rangs, &
pour être obligés de faire retraite , ils peuvent

la faire dans les intervalles des seconds bataillons,
& refaisant de nouveaux corps, soutenir l'ennemi
& le combattre. Si cela ne suffisoit pas, ils
pourroient encore faire retraite une seconde fois
comme la premiere, & combattre une troisieme
fois; ensorte que, selon cette méthode, on
peut reprendre ses forces, & selon la maniere
grecque, & selon la romaine. Pour ce qui regarde
la force de cette armée, elle ne peut pas être
plus grande que suivant cette ordonnance; car
les deux ailes sont bien munies d'officiers & de
soldats, n'y avant rien de foible que la queue,
qui est composée de gens inutiles, encore sont-
ils appuyés des piquiers extraordinaires. Et de
quelque côté que l'ennemi attaque une armée
qui sera dans une telle ordonnance, il la trouvera
toujours en très-bonne défense, ne pouvant pas
l'attaquer en queue, parce que vous n'aurez pas
un ennemi assez puissant pour pouvoir vous
attaquer de tous les côtés avec d'égales forces;
& si cela étoit, je ne conseillerois pas de tenir
la campagne contre lui. Mais n'étant pas que le
tiers plus fort, & même en aussi bonne ordonnance que vous, s'il s'affoiblit pour vous attaquer en plusieurs endroits, & que vous veniez
à le rompre en un seul, tout le reste ira mal
pour lui. A l'égard de la cavalerie, quand votre

ennemi

ennemi y seroit plus fort que vous, vous n'avez rien à craindre, parce que les rangs de piquiers, qui vous environnent comme une ceinture, vous mettent à couvert de la furie des chevaux, quand même les vôtres auroient plié. De plus, les officiers sont placés au large pour pouvoir commander & obéir, & le terrein, qui est entre chaque bataillon, & entre chaque rang, non seulement pour servir à s'entre donner retraite les uns aux autres, mais aussià laisser aller & venir ceux qui portent les ordres du général. Or, je vous ai dit que les Romains composoient leur armée d'environ vingt-quatre mille hommes : il en faut donc faire à présent de même ; & comme les troupes auxiliaires se conformoient, & pour l'ordonnance, & pour le combat, à ce que pratiquoient les légions, il faut aussi que les troupes, que vous joindrez à vos deux régimens, en prennent la forme & l'ordonnance. Vous ayant déjà proposé un exemple de toutes ces choses-là, il est aisé de l'imiter, parce qu'en augmentant l'armée de deux régimens, ou doublant le nombre de soldats, vous n'aurez qu'à doubler les rangs, ou à mettre dix bataillons sur la gauche, au lieu de cinq, ce qui en produira vingt de front ; ou bien vous étendrez & grossirez les rangs, suivant que le terrein, ou l'ennemi vous y oblige.

ALAMANNI. En vérité, Monsieur, je m'imagine en telle sorte cette armée, qu'il me semble que je la vois déjà, & je brûle d'envie de la voir attaquer l'ennemi. Mais ce qui me chagrineroit seroit, si vous suiviez la méthode de Fabius Maximus, en tenant l'ennemi en suspens par des remises, & en différant le combat, parce que je ne pourrois pas m'empêcher de dire plus de mal de vous, que le peuple Romain n'en disoit de ce grand homme.

COLONNE. Ne craignez rien de ce côté-là ; & n'entendez-vous pas déjà l'artillerie? Nos gens ont tiré, mais ils n'ont pas fait grand mal à l'ennemi ; & les vélites extraordinaires avec la cavalerie courent déjà sur lui, & ils l'attaquent de tous côtés avec le plus de furie & le plus de bruit qu'ils peuvent. Son artillerie a déjà fait une décharge, mais elle a passé par·dessus la tête de nos gens ; & pour l'empêcher d'en faire d'autres, voilà nos vélites & nos chevaux légers qui s'en sont emparés. Les ennemis, d'autre côté, ont avancé pour la défendre, ensorte que, ni la leur, ni la nôtre, ne peuvent plus faire aucun effet. Voyez avec quelle valeur & dans quel bel ordre nos gens combattent. Ils ont acquis cette habitude par l'exercice, & la confiance qu'ils ont dans notre armée leur donne du courage. Voyez marcher cette armée avec ses gendarmes en flanc, sans précipitation, & dans une belle ordonnance, afin de joindre l'ennemi de près. Observez que notre artillerie, pour laisser le terrein libre à nos gendarmes, a pris celui que les vélites occupoient. Voyez comment le général anime ses soldats en leur montrant la victoire assurée. Remarquez que les chevaux légers & les vélites ont étendu leurs rangs, & sont retournés sur les flancs de l'armée, pour voir s'ils ne pourroient point endommager l'ennemi en le prenant en flanc. Or, voici à présent les deux armées aux mains. Voyez avec quelle fermeté les nôtres ont soutenu le choc des ennemis, & sans faire de bruit ; voyez comment le général commande aux gendarmes de soutenir sans donner, & de ne s'éloigner point des files de l'infanterie ; voyez comment nos chevaux légers sont tombés sur une troupe de mousquetaires ennemis, qui vouloient les prendre en flanc ; voyez en même tems comment la cavalerie ennemie les a secourus, ensorte qu'étant enveloppés entre les deux cavaleries, ils ne peuvent plus tirer, & font retraite derriere leurs bataillons. Observez bien avec quelle furie nos piquiers attaquent nos ennemis. Notre infanterie & la leur sont si proches, que les uns & les autres ne peuvent plus se servir de leurs piques ; desorte que, suivant les ordres que nous avons établis, nos piquiers se retirent les uns après les autres au milieu des écuyers. Remarquez cependant comment un gros escadron de gendarmes ennemis à chassé les nôtres du flanc à gauche, & comment, suivant les regles, ils ont fait retraite sous les piquiers extraordinaires. Par ce moyen ils se sont ralliés , & ont encore tourné téte à l'ennemi, le repoussant , & en tuant une partie. Pendant cela tous les piquiers ordinaires des premiers bataillons se sont mis à couvert entre nos écuyers, & leur laissent soutenir le combat : mais regardez avec quelle vigueur & quelle assurance ils expédient leurs ennemis, & combien ils se possedent. Ne voyez-vous pas combien les rangs se resserent en combattant, ensorte qu'à peine ont-ils assez d'espace pour bien manier l'épée ? Voyez avec quelle furie les ennemis se démenent ; car étant armés de la pique & de l'épée, l'une ne leur sert de rien à cause de sa longueur, ni l'autre non plus, parce que leurs ennemis sont trop couverts : desorte qu'ils tombent morts ou blessés, ou ils prennent la fuite. Voyez comme ils fuient du

côté droit; ils fuient encore du côté gauche.
Enfin nous avons vaincu fort heureusement : mais
il y auroit bien plus de plaisir à vaincre en effet
sur le champ de bataille. Vous voyez qu'on n'a
eu que faire des bataillons du second & du troisieme rang, & que la tête de notre armée a été
assez forte pour remporter la victoire. Là-dessus
je n'ai autre chose à vous dire, si-non de voir
s'il vous reste quelque difficulté.

ALAMANNI. Vous avez gagné cette bataille
avec une telle furie, que j'en demeure en ad-
miration, & si étonné que je ne crois pas pouvoir bien vous dire s'il me reste encore quelque
doute dans l'esprit. Cependant en me confiant
en votre prudence, je prendrai la hardiesse de
vous dire ma pensée. Dites-moi s'il vous plaît
d'abord, pourquoi n'avez-vous fait qu'une décharge de votre artillerie ? Et pourquoi l'avez vous
fait incontinent retirer à couvert de l'armée, la
laissant-là toujours sans en dire un seul mot ?
Il me semble encore que vous avez bien-tôt fait ces-
ser celle de l'ennemi & que vous l'avez fait donner où il vous a plu; ce qui peut fort bien être.
Cependant s'il arrivoit comme je crois qu'il arrive
souvent, qu'elle donnât dans nos rangs, quel remede y apporteriez-vous ? Mais puisque j'ai enta-
mé cette matiere d'artillerie, je veux m'éclaircir

de toutes les difficultés qui la regardent, afin de n'y plus revenir. J'ai entendu bien des gens se moquer des armes & des ordonnances d'armées des anciens, disant, » Qu'aujourd'hui ils feroient » peu de chose, ou même rien du tout, eu égard » à la violence de l'artillerie ; parce que cela » rompt les rangs, & ne trouve point d'armes » à l'épreuve. » Desorte qu'ils croient que c'est une folie d'ordonner qu'on se fatigue à porter des armes, avec lesquels on ne peut pas être à couvert.

COLONNE. Votre difficulté a besoin d'une longue réponse, car elle contient beaucoup de chefs. Il est vrai que je n'ai fait faire qu'une décharge à l'artillerie, encore ai-je balancé si je la ferois. La raison de cela c'est qu'il est de plus grande conséquence de parer les coups, que de frapper l'ennemi. Vous devez savoir que, pour que l'artillerie ne vous endommage point, il faut, ou être hors de la portée, ou se mettre derriere un parapet, ou un retranchement. Il n'y a que cela qui la puisse arrêter ; mais encore faut-il que l'un & l'autre soient de grande résistance. Les généraux, qui ont résolu de donner bataille, ne se cacheront pas ni derriere une muraille ni derriere un retranchement. Ils ne demeureront pas non plus hors de la portée du canon. Il faut donc, puisqu'ils ne peuvent pas trouver les moyens de se mettre à couvert, qu'ils trouvent au moins ceux de n'être pas tant endommagés ; & le seul moyen pour cela est de donner dessus l'artillerie le plutôt qu'on peut, & au grand galop, sans se mettre en pelotons, parce que, quand vous usez de cette diligence, l'ennemi ne peut pas redoubler les décharges, & lorsqu'on marche éloignés les uns des autres, il ne peut pas emporter beaucoup de gens. Mais cela ne se peut faire par une troupe qui marche en ordonnance, parce que si elle va vîte, elle rompt ses rangs ; si elle marche fort ouverte, elle épargne la peine à l'ennemi de l'ouvrir. C'est donc pour cela que j'ai rangé l'armée en telle sorte, qu'elle pût faire l'un & l'autre, parce qu'ayant posté mille vélites sur les aîles, j'ai commandé, qu'aussi-tôt que notre artillerie auroit fait sa décharge, ils allassent s'emparer de celle de l'ennemi. C'est ce qui est cause que je n'ai pas fait faire d'autre décharge, de peur de donner du tems à l'ennemi ; car il m'étoit impossible de prendre du tems et de l'ôter aux autres tout-à-la-fois : ainsi je n'ai point fait faire de seconde décharge, afin que le canon de l'ennemi n'eût pas le tems de faire la premiere, puisque si vous voulez rendre une batterie des ennemis inutile, il n'y a point d'autre remede que de courir dessus. Car si l'ennemi l'abandonne, vous vous en emparez ; s'il la veut défendre, il faut qu'elle demeure derriere, où étant embarrassée par les deux partis, elle ne peut tirer. Ces seules raisons pourroient suffire sans rapporter des exemples ; mais puisque j'en trouve chez les anciens, je veux vous les faire remarquer. Vintidius voulant combattre les Parthes, dont la plus grande force consistoit dans leurs arcs & leurs flêches, il les laissa venir fort proche de ses retranchemens avant que d'en faire sortir son armée, ce qu'il fit seulement pour les embarrasser promptement et ne leur pas laisser lieu de tirer. César rapporte qu'en France, donnant bataille aux ennemis, il en fut attaqué avec une telle violence, *que les Romains ne purent pas darder leurs javelots selon leur coutume.* Donc, pour faire qu'une chose qui tire de loin ne vous endommage point, le seul remede est de l'embarrasser avec toute la promptitude possible. Un autre motif qui me poussoit encore à donner sur l'ennemi sans faire faire de décharge à l'artillerie, et dont vous rirez peut-être, quoique je ne croye pas qu'on doive le mépriser, c'est qu'il n'y a rien qui mette tant de désordre dans une armée, que de lui offusquer la vue. C'est de-là que tant

de belles armées ont été mises en déroute pour
avoir été empéchées de se servir de leurs yeux,
ou par la poussiere, ou par le soleil. Il n'y a
rien après cela qui vous offusque davantage que
la fumée du canon ; c'est pourquoi je croirois
qu'il y auroit plus de prudence à laisser l'ennemi s'aveugler de lui-même, que de vouloir,
étant vous-même aveuglé, aller à sa rencontre.
Je ne tirerois donc point mon canon ; ou si je
le faisois pour n'être pas blâmé à cause du cas
qu'on en fait , je le posterois sur les aîles de
l'armée, afin que pendant qu'il tireroit, il n'en
offusquât point la tête ce qui seroit d'une grande
importance pour mes gens. Et pour vous montrer
combien il est avantageux d'aveugler l'ennemi,
je vous rapporterai l'exemple d'Epaminondas,
qui, pour offusquer la vue de l'armée ennemie
qui lui venoit livrer bataille , fit courir ses
chevaux légers à la tête de leur armée , afin
qu'élevant la poussiere ils lui embarrassâssent la
vue ; ce qui lui fit remporter la victoire. Pour
ce qu'il vous semble que j'ai conduit la décharge
du canon de l'ennemi où j'ai trouvé à propos
en la faisant passer par-dessus la tête à nos fantassins, je vous répondrai, qu'il y a bien plus
de coups sans comparaison , tirez en l'air par
une grosse artillerie, que de ceux qui donnent

à travers l'infanterie , parce quelle est d'ordinaire
si basse, et ces machines sont si lourdes à manier,
que quelque peu que vous les haussiez , les
coups passent par-dessus la tête de l'ennemi ; et
pour peu que vous les baissiez, les coups en
portent à terre et ne viennent pas jusqu'à lui.
L'inégalité du terrein couvre encore beaucoup ;
car il ne faut que les moindres broussailles ,
ou les plus petites élévations entre la batterie
et vous , pour en rompre les coups. Mais pour
la cavalerie, sur-tout les gendarmes qui doivent
être bien plus serrés que les chevaux légers , et
qui sont plus élevés que les fantassins, et par
conséquent plus exposés , on peut pendant que
le canon joue , les tenir à la queue de l'armée.
Il est vrai que les mousquetaires et la petite
artillerie font plus de mal que les gros canons.
Le meilleur remede qu'il y ait pour cela est de
venir promptement aux mains ; et si dans le
premier feu il en tombe quelques-uns , il faut
toujours qu'il en meure ; et une armée ne doit
pas appréhender la perte de quelques particuliers , mais la générale. En quoi il faut imiter
les Suisses qui n'ont jamais refusé de bataille
par l'appréhension de l'artillerie ; même ils
punissent de mort ceux qui , par cette crainte,
quittent leur rang , ou donnent quelque marque

extérieure de peur. Après donc la premiere décharge j'ai fait retirer mon artillerie dans l'armée,
afin que les bataillons eussent le terrein plus
libre. Je n'en ai plus parlé, comme étant chose
inutile après que le combat est attaché. Vous
m'avez encore objecté qu'eu égard à la violence
de ces machines, plusieurs estiment que les
armes et l'ordre des anciens sont inutiles ; et il
semble de la maniere dont vous parlez, que
les modernes aient trouvé des moyens et des
armes nui les en mettent à couvert. Si vous
savez ce secret, vous m'obligerez de me l'apprendre, parce que jusqu'à présent je n'en
vois aucun, et je ne crois pas qu'on en puisse
trouver : ainsi je voudrois demander à ces
censeurs pourquoi nos fantassins portent le
corcelet et nos gendarmes sont tout habillés
de fer. Et puisqu'ils blâmen t l'armure ancienne
comme inutile par rapport à l'artillerie, pourquoi ne blâment-ils pas aussi la nôtre ? Je voudrois bien encore savoir pourquoi les Suisses,
suivant les ordres anciens, font un corps de
bataille serré de six ou huit mille fantassins,
et pourquoi tout le monde les a imités en cela,
puisque cette maniere n'est pas moins exposée
à la fureur du canon, que les autres qu'on
tient de l'antiquité. Je crois qu'ils auroient peine

à répondre. Mais si vous en demandiez l'avis à des gens qui entendissent le métier, ils vous diroient, qu'encore que ces armures ne les couvrent pas contre l'artillerie, elles les défendent des arbalettes, des piques, des épées, des pierres, et de tout autre coup qui vient de l'ennemi. Ils vous répondroient encore qu'ils vont serrés comme les Suisses pour faire un plus rude choc à l'infanterie ennemie, pour mieux soutenir celui de la cavalerie, et pour n'être pas si aisément rompus par les ennemis. Ainsi l'on voit que les soldats ont bien d'autres choses à craindre que l'artillerie ; et c'est de ces choses-là qu'ils se défendent par les règles et avec l'armure des anciens. Il s'ensuit de-là que plus une armée est bien fournie de toutes sortes d'armes, et plus elle tient ses rangs serrés et forts, moins elle a lieu de craindre. Ainsi celui qui est de cette opinion doit être peu expérimenté, ou bien il a fait peu de réflexion à la chose ; car si nous voyons que la moindre partie de la méthode des anciens qu'on pratique aujourd'hui, qui est de porter la pique et de faire des bataillons comme les Suisses, nous apporte un si grand avantage, et donne à nos armées tant de force, pourquoi ne croironsnous pas que tout le reste seroit aussi fort utile ?

De plus, si la violence de l'artillerie ne nous fait pas appréhender de nous ranger en bataillons serrés comme les Suisses , en quelle occasion devons-nous la redouter davantage, puisqu'il n'y a point d'ordonnance qui nous la doive faire tant craindre que celle qui range les gens en troupes si serrées? Outre cela, lorsqu'on assiége une place, le canon des ennemis ne fait point perdre la tramontane aux assiégeans. C'est cependant-là qu'il peut vous endommager avec plus de sûreté pour lui, puisque vous ne pouvez pas l'embarrasser , étant défendu d'un rempart ; et tout ce que vous pouvez faire, c'est de le démonter avec bien du tems , pendant lequel il a tout le loisir de redoubler ses coups. Doit-on après cela en faire beaucoup de cas dans une campagne ou l'on peut aisément le rendre inutile ? Je peux donc tirer cette conclusion, « que » l'artillerie n'est pas une raison suffisante pour » empêcher qu'on ne se serve des manieres des » anciens , et qu'on ne donne encore des preuves » de l'ancienne valeur ». Et si je n'avois point déjà parlé de ces *machines* (1), je m'y éten-

____

(1) *C'est dans ses* Discours Politiques sur la premiere Décade de Tite-Live.

drois davantage ; mais je m'en rapporte à ce que j'en ai déjà dit.

ALAMANNI. Nous pouvons tous facilement comprendre vos raisonnemens sur l'artillerie ; & enfin, il me semble que vous avez prouvé que le meilleur remede contre elle est de l'embarrasser promptement, lorsqu'on est en campagne, & qu'on a une armée en tête. Sur cela il me vient une diffiiculté, qui est que l'ennemi pourroit la poster à côté de son armée, ensorte qu'elle vous endommageroit, & seroit si bien défendue par ces mémes côtés, qu'il seroit difficile de l'embarrasser. Si je m'en souviens bien, lorsque vous avez rangé votre armée en bataille, vous avez donné huit pieds d'intervalle entre chaque bataillon, & quarante pieds entre les bataillons & les piquiers extraordinaires. Si l'ennemi rangeoit son armée comme la vôtre, & qu'il postât son artillerie bien avant dans ces intervalles, je crois que de-là elle vous endommageroit beaucoüp sans courir aucun risque ; parce qu'on ne pourroit pas passer au travers de toutes les forces ennemies pour l'embarrasser.

COLONNE. L'objection que vous faites est pleine de bons ens & de prudence, & je ferai mon possible pour la résoudre, ou pour y trouver le remede. Je vous ai dit que les batail-

lons en marchant ou en combattant sont toujours en mouvemens, & naturellement ils viennent toujours à se resserrer, ensorte que si
vous faites les intervalles où vous postez l'artillerie étroits, en peu de tems ils se retré-
cissent encore si fort, que le canon ne pourra
plus jouer : si vous faites ces espaces larges,
pour éviter un péril, vous tombez dans un plus
grand : car par ces intervalles vous donnez moyen
à l'ennemi d'embarrasser votre artillerie, ou de
vous rompre. Mais il faut que vous sachiez qu'il
est impossible de tenir l'artillerie entre les bataillons, particulierement les gros canons, parce
qu'ils vont d'un côté, & tirent de l'autre; ensorte
qu'ayant à marcher & à tirer, il faut devant
qu'ils puissent faire leur décharge, qu'on les
tourne, ce qu'on ne peut faire qu'avec un si grand
terrein, que cinquante affûts de canon mettroient
en désordre toute une armée. Il faut donc tenir
l'artillerie hors des bataillons, & c'est-là où l'on
peut l'attaquer de la maniere que nous avons
dite. Mais supposons qu'on la pût tenir entre les
bataillons, & qu'on pût trouver un moyen, qu'en
les faisant resserrer, ils n'en empéchassent point
l'effet, ni que l'espace ne fût point assez ouvert
pour donner entrée à l'ennemi, je dis qu'il est
aisé de remédier aux désordres que cette artillerie

pourroit faire, en ouvrant votre armée vis-à-vis d'elle, ensorte que les coups passassent par cette ouverture sans effet. Et cela est très-facile, parce que, si l'ennemi veut que son artillerie soit en sureté, il faut qu'il la poste en queue sur la fin des espaces; & s'il ne veut pas que ses propres gens en soient endommagés, il faut qu'elle tire en ligne droite, desorte qu'en ouvrant votre armée à l'opposite, vous donnez le passage libre à tous ses coups. Car voici une regle générale, qu'il faut faire passage à tout ce qu'on ne peut pas soutenir, ainsi que faisoient les anciens aux éléphans & aux chariots armés de faux. Je pense, & même je suis sûr, que vous trouvez que j'ai accommodé & gagné la bataille comme il m'a plu. Cependant je vous réitere encore, si tout ce que j'ai dit jusqu'ici ne suffit pas, qu'il seroit impossible qu'une armée, mise dans l'ordonnance, & fournie d'armes comme j'ai fait, ne défit pas du premier choc une autre armée, disposée comme on fait ordinairement aujourd'hui; car la plupart ne font qu'une face, ne donnent point de boucliers, & laissent leurs soldats tellement découverts, qu'ils ne peuvent se défendre d'un ennemi proche; & ils les mettent en ordonnance de bataille d'une telle sorte, qu'ils se prennent en flanc les uns les autres. Ils ne donnent point de

face,

face, ni de hauteur à leurs corps d'armées. Ils les postent directement l'un derriere l'autre, sans leur donner moyen de se recevoir dans les rangs les uns des autres; de sorte que, faisant retraite, ils la font en désordre, & en état d'être bien-tôt rompus. Et encore qu'ils donnent trois noms à ces corps d'armées, qu'ils partagent en trois, appellant l'un l'avant-garde, l'autre la bataille, & l'autre l'arriere-garde, néanmoins ils n'en tirent d'autre usage que dans la marche, & pour distinguer les logemens: mais dans un jour de bataille, ils les obligent tous à attaquer tout à la fois, & s'exposer tous ensemble au premier caprice de la fortune.

ALAMANNI. J'ai remarqué encore que dans votre bataille votre cavalerie a été repoussée par celle de l'ennemi; ainsi elle a été contrainfe de faire retraite à couvert des piquiers extraordïnaires, par le secours desquels elle a soutenu & repoussé l'ennemi à son tour. Je pense bien que les piquiers peuvent soutenir la cavalerie dans un bataillon gros & solide comme ceux des Suisses: mais dans votre armée, vous avez seulement en face vingt rangs de piquiers, & en flanc sept, ensorte que je ne peux comprendre comment ils peuvent soutenir.

COLONNE. Encore que je vous aie dit que

dans les phalanges Macédoniennes six rangs de piquiers agissoient tout à-la-fois, il faut pourtant que vous sachiez qu'un régiment de Suisses, en eût-il mille de ces rangs, il n'en peut employer que quatre ou cinq au plus à-la-fois, parce que les piques ne sont longues que de dix-huit pieds. Les mains en occupent trois, ainsi le premier rang n'a de libres que quinze pieds de ses piques. Le second rang outre ce qu'il occupe de ses mains, en emploie trois pieds à traverser le terrein qui est entre une file et l'autre; il ne lui en reste donc que douze de libres pour le combat. Le troisieme rang, pour les mêmes raisons, n'a que neuf pieds de libres; le quatrieme que six; et le cinquieme seulement trois. Les autres rangs ne servent de rien pour endommager l'ennemi, mais seulement pour remplacer les premiers rangs, comme nous avons déjà dit, et à servir de soutien et de contre fort aux cinq premiers. Si donc leurs cinq premieres files mettent bien la cavalerie à la raison, pourquoi les cinq nôtres ne le feront-elles pas? Car elles ont aussi derriere elles d'autres rangs qui les soutiennent et qui les appuient, quoiqu'ils n'aient pas de piques comme les premiers. Or, quand même les rangs des piquiers extraordinaires qui sont postés sur les flancs, vous paroîtroient trop minces, on les pourroit réduire en un quarré, et les poster en flanc aux deux Corps que j'ai placés à la queue de l'armée ; et de ce poste ils pourroient secourir également, et la tête, et la queue de l'armée, et donner retraite à la cavalerie en cas de besoin.

ALAMANNI. Vous serviriez-vous toujours de cette méthode-là toutes les fois que vous voudriez donner bataille ?

COLONNE. Nullement ; car selon la diversité du terrein et de la force des ennemis, vous devez aussi diversifier l'ordonnance de votre armée, comme j'en donnerai quelque exemple avant que de finir ce discours. Mais j'ai rangé l'armée de cette maniere, non pas tant parce que c'est la plus avantageuse, quoiqu'elle le soit beaucoup, que parce qu'afin qu'elle vous serve de regle & de modele pour pouvoir donner la forme & l'ordonnance à d'autres. Chaque science à ses maximes générales qui lui servent en partie de fondement & de principes. Je vous répete encore une chose, c'est que jamais vous ne rangiez d'armée en bataille d'une maniere que ceux qui combattent à la tête ne puissent pas être secourus par ceux qui sont postés à la queue, parce que celui qui fait cette faute rend la plupart de son armée inutile ; & quoiqu'elle ait beaucoup de valeur, il ne peut pas remporter la victoire pour cela.

ALAMANNI. Il vient de me naître là-dessus une difficulté. J'ai vu que dans l'ordonnance de votre armée vous avez fait la tête de cinq bataillons, le milieu de trois, & la queue de deux. Et moi je croirois qu'il seroit mieux de faire tout le contraire, parce que je crois qu'une armée seroit bien plus difficile à rompre si celui qui lui donneroit le premier choc, plus il iroit avant, plus il trouveroit d'épaisseur et de résistance : et pour votre ordonnance, il semble que plus on y entre, moins on y trouve de force.

COLONNE. Si vous vous étiez souvenu que les triaires qui sont le troisieme corps d'une légion romaine, ne faisoient que six cens hommes, votre difficulté vous auroit paru moins forte, en considérant qu'on les mettoit dans le dernier poste ; car vous auriez vu que c'est sur cet exemple que j'ai mis deux bataillons dans cette arriere-garde qui sont pourtant au nombre de neuf cens : de sorte que si j'ai manqué avec les Romains, c'est pourtant en faisant le corps de réserve encore plus fort qu'ils ne faisoient. Mais quoique cet illustre exemple dût suffire pour vous répondre, il vaut mieux encore vous

en ajouter la raison , qui est celle-ci : la tête
de l'armée doit être toujours forte et solide
parce qu'elle doit soutenir le plus grand choc
des ennemis , & qu'elle n'a point d'amis à recevoir dans ses rangs ; ainsi il faut qu'elle soit
munie de quantité de soldats ; car le petit nombre
la rendroit foible en lui donnant trop peu de
front , ou en rendant les rangs trop clairs. Mais
le second corps doit avoir les espaces larges ,
& par conséquent , ne doit pas avoir tant de
gens , parce que dans le besoin il doit d'abord
recevoir les amis avant que de soutenir les ennemis; car si vous mettiez plus de gens dans ce
second corps , ou même autant que dans le
premier , vous ne pourriez laisser dans le second
des espaces pour recevoir le premier , ce qui
causeroit un grand désordre : ou en les y laissant , il passeroit les alignemens , ce qui rendroit la figure de l'armée imparfaite. Ce que
vous dites encore n'est pas vrai , que plus
l'ennemi entre dans ce régiment-ici , plus il le
trouve foible , parce qu'il ne peut jamais passer
assez avant pour venir au combat avec le second
corps , si le premier n'est joint avec lui ; ainsi
l'on trouvera le milieu du régiment plus vigoureux & non pas plus foible , parce qu'on sera
obligé de combattre avec le premier & le second

C 3

corps à-la-fois. Il en arriveroit de même si l'ennemi passoit assez avant pour combattre avec le troisieme corps , parce qu'il n'auroit pas seulement affaire à deux corps de troupes fraîches , mais aussi à tout le régiment. Et parce que le dernier corps doit recevoir bien plus de gens que les deux premiers, il faut aussi que les espaces soient bien plus larges , & par conséquent, que celui qui reçoit soit en plus petit nombre.

ALAMANNI. J'approuve ce que vous me dites ; mais répondez-moi encore à ceci. Si les cinq premiers bataillons font retraite dans les trois seconds , & ensuite les huit dans les deux troisiemes , il ne semble pas possible que les huit réduits ensemble & ensuite les dix, puissent n'occuper que le même terrein que les cinq occupoient d'abord.

COLONNE. La premiere chose que je vous réponds , c'est que ce n'est pas le même terrein ; car les cinq bataillons ont quatre espaces entr'eux qu'ils prennent en faisant retraite entre les trois ou entre les deux. Il y a encore le terrein entre les deux régimens ; & encore celui qui est entre les bataillons & les piquiers extraordinaires , tous lesquels terreins joints ensemble font une grande étendue. Ajoutez à cela que le terrein qu'occupent les bataillons quand chacun tient son rang , est bien différent de celui qu'ils occupent quand ils sont un peu en désordre , parce qu'ils se serrent ou s'élargissent toujours. Ils s'élargissent quand la peur les a saisis jusqu'à leur faire prendre la fuite. Ils se resserrent lorsqu'ils ont peur, mais d'une maniere à leur faire chercher la défense & non la fuite ; & en ce cas-là ils se resserrent & ne s'élargissent jamais. Ajoutez-y encore que les cinq rangs des piquiers qui sont à la tête , après avoir attaché le combat, font retraite à travers les bataillons , à la queue de l'armée , afin de laisser place aux écuyers pour combattre ; & pendant que ces piquiers marchent vers la queue , ils peuvent être employés ou le général trouve à propos ; au-lieu que depuis qu'on en est aux mains , ils seroient tout-à-fait inutiles : & c'est pour cela que les espaces d'entre les rangs peuvent fort bien recevoir tout ce qu'il faut. Enfin si ces espaces-là ne suffisoient pas, les côtés qui font les flancs de l'armée , sont des hommes & non pas des murailles ; ainsi en les faisant ouvrir & s'élargir , ils peuvent faire un terrein assez grand pour recevoir tout.

ALAMANNI. Voulez-vous que les piquiers extraordinaires que vous avez postés sur les flancs , fassent ferme pendant que les premiers

bataillons font retraite dans les seconds , &
qu'ainsi ils deviennent comme les deux aîles de
l'armée ? Ou bien voulez - vous qu'ils fassent
retraite comme les autres ? Ce qui étant , je ne
vois pas comment cela pourroit se faire n'ayant
point derriere eux de bataillons avec des files
ouvertes pour les recevoir.

COLONNE. Si l'ennemi ne les combat point
quand il force les bataillons à faire retraite ,
ces piquiers-là peuvent faire ferme dans leurs
rangs , & prendre l'ennemi en flanc après que
les premiers bataillons auroient fait leur retraite.
Mais s'il combattoit aussi les piquiers , comme
il y a apparence , puisqu'il est assez fort pour
obliger des bataillons à la retraite ; en tel cas
ils devroient aussi faire retraite , ce qui leur est
facile , encore qu'ils n'aient personne derriere
eux pour les recevoir : car du milieu en avant
ils peuvent doubler leurs rangs en ligne directe ,
ainsi que nous l'avons expliqué lorsque nous
avons parlé du moyen de doubler les rangs. Que
si l'on veut les doubler en faisant retraite de la
tête à la queue , il faut suivre une autre méthode
que celle que je vous ai enseignée , parce que
je vous dis que la seconde file devoit entrer dans
la premiere , & la quatrieme dans la troisieme ,
&c. : & dans ce cas ici , il ne faudroit pas

commencer à la tête, mais à la queue, afin que les rangs venant à se doubler, on n'avançât pas, mais que l'on fît retraite. Afin de répondre à tout ce que vous pourriez répliquer sur cette bataille, je vous répete encore que j'ai rangé cette armée en bataille pour deux raisons. La premiere pour vous montrer comment on doit les ranger en général, lorsqu'il est question d'en venir aux mains ; la seconde pour vous apprendre à leur faire faire l'exercice. Pour l'ordonnance je crois que vous la comprenez fort bien ; & pour l'exercice je vous dis que le plus qu'il est possible, il faut disposer de cette maniere-là tous les corps ensemble, afin que les commandans apprennent à bien mettre en bonne ordonnance leurs bataillons ; car c'est aux soldats à bien garder leurs rangs, & aux commandans à bien tenir leurs bataillons en ordonnance d'armée, & à bien exécuter le commandement du général. Il faut donc qu'ils sachent joindre un bataillon à l'autre, & prendre leur poste tout d'un coup ; & pour cela il faut que le drapeau de chaque bataillon ait son nombre écrit en lieu visible, tant pour pouvoir mieux commander ces bataillons-là, que pour que le général & les soldats les reconnoissent mieux. Il faut aussi que les régimens aient leur nombre marqué dans leur principale enseigne , & qu'ainsi l'on sache de quel nombre est le régiment posté à l'aîle droite ou à l'aîle gauche ; de quel nombre sont les bataillons po tés à la tête ou dans le second corps , &c. Il faut encore que ces nombres servent d'échelons pour monter aux charges. Par exemp e , le plus bas officier sera un caporal ; celui qui le suivra sera le capitaine des cinquante vélites ; au-dessus seront les capitaines des bataillons ; ensuite sera le commandant du dernier bataillon ; & puis le commandant du neuvieme jusqu'au premier , qui doit tenir rang immédiatement après le colonel , ou celui qui commande l'un de nos régimens ; & il faudroit faire en sorte qu'on ne parvînt jamais à cette charge-là san avoir passé par tous les degrés. Mais parce qu'outre ces deux colonels il y a trois commandans des piquiers extraordinaires , & les deux de vélites aussi extraordinaires, je voudrois que ceux-ci fussent de même rang que le commandant du dernier bataillon ; & je serois bien aise d'avoir six officiers de pareil grade , afin qu'ils eussent tous de l'émulation à qui parviendroit au commandement du neuvieme bataillon. Chacun donc de tous ces commandans , sachant en quel endroit seroit posté son bataillon , il s'ensuivroit de nécessité que l'enseigne générale étant arborée , dès la premiere fanfare toute l'armée occuperoit tous ces postes. Et c'est-là le premier exercice à quoi il faut accoutumer une armée qui est de se ranger promptement en bataille ; & pour y parvenir promptement , il faut tous les jours et même plusieurs fois le jour, la rompre & la remettre.

ALAMANNI. Quelle marque voudriez - vous qu'eussent les enseignes outre celle du nombre ?

COLONNE. Je voudrois que l'enseigne du général eût l'écusson de son prince; toutes les autres pourroient bien avoir le même écusson, mais en variant le champ, ou ajoutant quelque marque , comme il plairoit au prince de qui dépendroit l'armée : car tout cela importe peu pourvu qu'il produise l'effet qu'on en attend, qui est de se reconnoître les uns les autres. Mais revenons à l'autre exercice auquel il faut accoutumer une armée qui est de la mettre en mouvement, & en marchant selon les regles, avoir soin qu'elle conserve bien son ordonnance. Le troisieme exercice qu'elle a à faire, est d'apprendre à se conduire comme elle doit faire un jour de bataille ; faire décharger le canon & le faire retirer , faire metre en mouvement les vélites extraordinaires , & les retirer après qu'ils auront exécuté l'ordre de donner une fausse allarme ; commander que les premiers bataillons, comme s'ils étoient repoussés , fassent retraite entre les seconds , & tous ensemble entre les troisiemes, & de-là les faire tous retourner chacun à leur poste. Il faudroit tellement les dresser à cela, que chacun connût ce qu'il doit faire , & s'en formât l'habitude , parce qu'une chose qu'on fait fort bien & dont on a l'habitude, s'exécute promptement. Le quatrieme exercice est de leur apprendre à connoître par le son du tambour & de la trompette , & par le mouvement du drapeau , les commandemens de leurs officiers ; car on sait assez qu'ils entendront bien sans aucun exercice les commandemens de la voix. Mais parce que l'importance de ce commandement vient de la différence des sons , je vous dirai quels étoient ceux qu'employoient les anciens. Les Lacédémoniens , au rapport de Thucidide, employoient la flûte dans leurs armées, parce qu'ils croyoient que cette musique étoit plus propre à faire avancer leur armée avec gravité , & non avec précipitation. Pour la même raison , les Carthaginois dans la premiere attaque employoient le cistre (1). Albiatte , roi de

---

(1) *Voyez les Remarques , ou l'Avis du Traducteur.*

Lydie, employoit la flûte & le cistre : mais Alexandre & les Romains employoient les cors & les trompettes, pensant que ces instrumens avoient plus de vertu pour réveiller le courage des soldats & les faire combattre avec plus de vigueur. Cependant comme en armant nos gens, nous avons pris des manieres grecques & des romaines, pour ce qui regarde la musique militaire, nous garderons aussi les usages de ces deux nations. C'est pourquoi je mettrois des trompettes auprès du général, étant un son, non-seulement propre à animer l'armée, mais à se faire entendre au travers du bruit plus qu'aucun autre. Toutes les autres musiques qui seroient auprès des commandans des bataillons & autres, je voudrois qu'elles ne fussent composées que de petits tambours & de flûtes qu'on feroit jouer comme dans les festins & non pas comme on fait à présent. Le général donc avec ses trompettes feroit entendre quand il faudroit faire halte, quand il faudroit marcher avant ou faire retraite, quand il faudroit tirer le canon, quand il faudroit faire avancer les vélites extraordinaires ; & avec la variété de ses fanfares, il feroit faire à l'armée tout les mouvemens qu'elle doit faire. Il faudroit ensuite que ces trompettes fussent suivies des tambours ;

& comme cet exercice est assez de conséquence ,
il faudroit y bien dresser l'armée. Pour la cavalerie il faut aussi des trompettes , mais plus
petites , & qui sonnassent autrement que celles
du généra'. Voilà tout ce qui m'est venu dans
l'esprit sur la maniere d'ordonner une armée ,
& de lui faire faire l'exercice.

ALAMANNI. Je vus prie de trouver bon que
je vous demande pourquoi vous avez ordonné
que la cavalerie légere & les vélites extraordinaires , en attaquant , eussent à se jetter sur
l'ennemi avec furie & avec de grands cris , &
qu'ensuite le reste de l'armée venant aux mains,
cela se faisoit avec un grand silence ? Expli-
quez-moi donc cela , je vous supplie ; car je
n'en peux comprendre la raison.

COLONNE. Les anciens n'ont pas été bien
d'accord si l'on doit , en venant aux mains , le
faire vîte & avec de grands cris , ou si l'on doit
avancer doucement & avec silence. Cette derniere allure est plus propre pour bien garder
l'ordre & pour bien entendre le commandement ;
l'autre est plus propre pour encourager les gens.
Or , parce que je crois qu'il faut tâcher de faire
l'un & l'autre , j'ai commandé que les premiers
marchassent avec bruit & furie , & les autres
doucement & sans éclat ; car je ne trouve nul-

lement à propos que ces grands cris-là durent toujours, puisqu'ils empéchent le commandement, ce qui est fort pernicieux. Et il n'y a point d'apparence que les Romains, après la premiere attaque, continuassent ces bruits-là; car l'on voit dans leurs histoires, que les soldats qui fuyoient étoient encouragés par les exhortations & les discours des officiers, & que souvent les choses ont été changées au fort du combat par l'ordre du général; ce qui ne seroit pas arrivé si les bruits continuels avoient étouffé sa voix.

Fin du troisieme Livre.

DE L'ART

DE LA

GUERRE.

LIVRE QUATRIEME.

ALAMANNI. Puisque, pendant que j'ai été de
jour, il s'est gagné une si glorieuse bataille, je
crois qu'il est à propos de ne plus tenter la fortune, connoissant comme je fais, sa légereté et
son inconstance. Je veux donc me démettre de
la Dictature, & que monsieur Bondelmonte
entre à présent dans la charge de faiseur de
questions, puisque, selon l'ordre établi, cet
office regarde le plus jeune. je me persuade qu'il
ne refusera pas cet honneur, ou pour mieux

dire, ce travail, tant pour m'obliger, que parce qu'il est naturellement plus hardi que moi ; & cela ne lui fera point de peine d'entrer dans une lice, où il peut vaincre & être vaincu.

BONDELMONTE. Je prendrai le poste que vous me donnerez, quoique j'eusse plus de plaisir à n'être qu'auditeur, parce que vos demandes m'ont bien plus satisfait, que n'auroient fait celles qui me sont venues dans l'esprit pendant que j'écoutois vos discours. Mais, Monsieur, je pense qu'il vaut mieux que le seigneur Colonne ne perde pas son tems, le priant de nous pardonner, si nous l'avons ennuyé avec nos cérémonies.

COLONNE. Bien loin de m'ennuyer, cela me fait plaisir ; car ce changement de personnages me fait connoître la différence de vos esprits, & celle de vos inclinations. Mais trouvez-vous qu'il faille encore ajouter quelque chose à la matiere que nous venons de traiter ?

BONDELMONTE. Je souhaitte de savoir deux choses avant de passer à un autre sujet. La premiere, si l'on ne peut ranger une armée en bataille d'une autre maniere ? La seconde, à quoi doit principalement regarder un général devant que d'en venir aux mains ; & s'il survenoit quelqu'accident pendant la mélée, quels remedes il y faudroit apporter ?

COLONNE. Je ferai mes efforts pour vous satisfaire. Je ne répondrai point distinctement à vos questions, parce que pendant que je répondrai à l'une, il arrivera souvent qu'il faudra répondre à l'autre. Je vous ai dit, que je vous donnois un ordre de bataille, afin que sur celui-là vous puissiez former & prendre les mesures à quoi le terrein & l'ennemi vous obligent, parce qu'on dépend souvent de l'un & de l'autre. Mais souvenez-vous surtout, de ne pas trop donner de front à votre armée, si elle n'est très-forte & très-nombreuse ; car, autrement il vaut mieux lui donner plus d'hauteur, & moins de face. Sur tout, quand vous avez peu de monde en comparaison de l'ennemi, il faut que vous cherchiez quelque expédient, comme de ranger votre armée ensorte qu'elle soit flanquée d'une riviere, ou d'un marais, afin que vous ne puissiez pas être environné de l'ennemi, ou bien il faut vous munir de bonnes tranchées sur les flancs, comme fit César en France. Dans un tel cas, prenez pour maxime de vous étendre, ou de vous resserrer de front, selon la quantité de vos gens, ou de celle de l'ennemi, qui étant moindre que vous, tâchez de l'attirer dans les plaines, afin, non-seulement de pouvoir l'environner, mais aussi pour donner plus d'étendue à la face de

D 2

votre armée, & surtout en cas que vos gens soient bien disciplinés, parce que dans les lieux serrés & rudes votre nombre ne vous sert de rien, ne pouvant pas donner à vos rangs toute l'étendue qu'ils pourroient avoir. C'est pour cela que les Romains cherchoient toujours les plaines, & évitoient les montagnes. Mais il faut faire tout le contraire, si vous avez peu de monde & mal discipliné ; car, en ce cas vous devez chercher un terrein, ou la petite quantité soit à couvert, & où le peu d'expérience ne vous apporte aucun préjudice. Prenez aussi, autant qu'il vous sera possible, le poste le plus élevé, afin de pouvoir plus facilement fondre sur l'ennemi. Ne vous postez pourtant pas dans un panchant rude, ni au pied d'une éminence, sur laquelle l'armée ennemie pourroit venir, & à cause de l'artillerie, cette éminence vous nuiroit beaucoup, car l'ennemi pourroit vous endommager extrêmement, sans que vous puissiez y apporter remede, & pour vous, vous ne pourrez lui faire aucun mal, étant embarrassé par vos propres gens. Celui qui range son armée doit encore avoir égard au soleil & au vent, afin que l'un & l'autre ne vous donne pas en face ; car ils offusquent la vue, l'un par trop de lumiere, & l'autre par la poussiere. Outre cela, le vent diminue la force des coups qu'on tire à l'ennemi,

& pour le soleil, il ne suffit pas qu'il ne vous nuise point dans le commencement du combat, il faut se précautionner, ensorte qu'en continuant cela n'arrive pas. C'est pour cela qu'en rengeant votre armée en bataille, il faudroit tâcher qu'elle l'eût dans les épaules ; car il se passeroit bien du tems devant qu'il fût venu à darder ses rayons dans les yeux. Ce stratagême fut pratiqué par Annibal à la journée de Cannes, & par Marius contre les Cimbres. Si vous êtes moins fort en cavalerie que l'ennemi, postez votre armée entre des vignes, des arbres, & autres embarras, comme firent les Espagnols lorsqu'ils rompirent les Français à Cirignuola dans le royaume de Naples. Même on a vu souvent que les mêmes troupes, en changeant seulement d'ordonnance & de situation, ont vaincu leurs vainqueurs, comme les Carthaginois, qui, après avoir été vaincus bien des fois par Régulus, furent ensuite vainqueurs par le conseil de Xantippe, Lacédémonien, qui leur fit prendre les plaines, où ils battirent les Romains par la force de leur cavalerie & de leurs éléphans. J'ai remarqué, par les exemples des anciens, que lorsque l'ennemi a fait un côté de son armée plus fort que l'autre, on ne lui a opposé que le plus foible, en opposant, par conséquent, au côté le plus foible de l'ennemi celui de l'armée qui étoit le plus fort, à qui l'on commandoit de soutenir seulement les ennemis, sans repousser le choc, & au plus foible on lui ordonnoit de céder & de faire retraite dans le dernier corps de l'armée. Ceci cause deux grands désordres à l'ennemi. Le premier, c'est que le corps le plus considérable de ses troupes se trouve par-là tout environné des autres : le second, c'est que s'imaginant avoir eu la victoire à bon marché, il arrivera souvent qu'il se débandera ; ce qui le perdra auss-tôt. Scipion étant en Espagne contre Asdrubal, chef des Carthaginois & sachant qu'Asdrubal n'ignoroit pas que c'étoit la coutume des Romains de poster leurs légions au milieu, qui faisoit ainsi la plus forte partie de l'armée, & que par conséquent, Asdrubal suivroit la même méthode ; quand le jour de la bataille fut venu, Scipion changea de batterie, & forma ses aîles de ses légions, faisant le corps de bataille de ses moindres troupes ; ensuite venant aux mains, il fit marcher incontinent ses moindres troupes, mais lentement, pendant que les aîles de l'armée avancerent avec promptitude ; ensorte que ce ne fut que les aîles de l'une & de l'autre armée qui combattirent, & les corps de bataille, étant trop éloignés, ne se joignirent point. Ainsi tout ce que Scipion avoit de plus fort combattit ce qu'Asdrubal avoit de plus foible, ce qui fit gagner la bataille aux Romains. Ce stratagême servit alors; mais aujourd'hui, il seroit inutile à cause de l'artillerie, parce que le terrein, qui seroit entre les deux corps de bataille, donneroit lieu à l'un & à l'autre de tirer, ce qui est très-pernicieux, comme nous avons dit. Il faut donc laisser-là cette vieille ruse, & pratiquer celle que je disois toute à l'heure, de faire battre toute l'armée, & faire céder le côté le plus foible. Quand un général est plus fort en monde que son ennemi, & qu'il veut l'enfermer sans qu'il le prévoye, il ne doit pas donner plus de front à son armée, que n'en a celle de l'ennemi : mais le combat étant bien attaché, il faut que l'armée se batte en retraite, en faisant étendre les flancs; & alors l'ennemi se trouvera enfermé sans y penser. Quand un général veut donner bataille avec une assurance presque entiere de n'être point battu, qu'il range son armée dans un lieu proche d'un marais, ou de montagnes, ou d'une forte place; car en ce cas-là, il ne peut être poursuivi de l'ennemi, & lui le peut poursuivre. Ce fut de ce stratagême dont se servit Annibal quand la fortune commença à lui tourner le dos & qu'il appréhendoit la valeur de Marcellus. Quelques-uns, pour faire rompre les rangs aux ennemis, ont commandé aux gens légerement armés de commencer & lier le combat, & aussi-tôt de se retirer dans les rangs; puis quand les deux corps de bataille sont bien échauffésl'un contre l'autre, on les fait de rechef sortir des rangs, & donner en flanc à l'ennemi; ce qui les mettoit en désordre, & ensuite en déroute. Si un général se trouve foible en cavalerie, il peut, outre les expédiens dont j'ai déjà parlé, poster un corps de piquiers derriere ses chevaux, & au milieu du combat les faire ouvrir pour donner passage aux piquiers; ce qui lui donnera l'avantage. Plusieurs ont dressé des fantassins légerement armés à combattre entre les chevaux, ce qui leur a été d'un fort grand secours. Entre tous ceux qui ont rangé des armées pour donner bataille, il n'en est point de plus estimés, que Scipion & Annibal, lorsqu'ils combattirent en Afrique; & parce que l'armée d'Annibal étoit composée de Carthaginois & de troupes auxiliaires de toutes especes, il posta à la téte quatre-vingt éléphans; ensuite il posta les troupes auxiliaires, & derriere eux les Carthaginois; & enfin, les derniers de tous furent les Italiens, sur qui il faisoit peu de fond : & il disposa tout cela ainsi, afin que ses troupes auxiliaires ayant en tête l'ennemi, & derriere les Carthaginois, elles ne pussent pas prendre la fuite; desorte qu'étant par-là contraintes de combattre, il espéroit qu'elles vaincroient, ou au moins, qu'elles lasseroient les Romains, qui, après cela, ne seroient pas mal-aisés à défaire entierement par le moyen de ses bonnes troupes fraîches & vaillantes. D'autre côté, Scipion posta les gens de javelot, les princes, & les triaires, dans l'ordonnance accoutumée, qui est de pouvoir s'entredonner retraite dans les rangs les uns des autres. Il fit la tête de son armée pleine d'intervalles. Mais afin que cela ne parût pas, il les fit remplir de vélites, à qui il commanda, que, si-tôt que les éléphans viendroient, ils se retirassent, & que, par les espaces ordinaires, ils entrassent entre les légions, & leur laissassent le chemin ouvert: ainsi, il en rendit l'effet inutile; puis étant venu aux mains, il battit Annibal.

BONDELMONTE. En m'alléguant cette bataille, vous m'avez fait souvenir que Scipion ne fit point retirer les gens de javelot dans les rangs des princes; mais les ayant partagés, il les fit retirer sur les aîles de l'armée, afin qu'ils fissent place au princes lorsqu'il les fit avancer. C'est pourquoi je voudrois bien que vous me disiez la raison qui l'obligea de ne pas suivre l'ordre accoutumé.

COLONNE. Je vous le dirai. Annibal avoit mis toute la force de son armée dans le second corps. Scipion donc, pour lui en opposer un autre aussi fort, n'en fit qu'un des princes & des triaires ; ainsi le terrein d'entre les rangs des princes étant occupé par les triaires, il n'y en restoit plus pour les gens de javelot : & c'est pour cela que, les ayant partagés en deux, il les fit retirer sur les aîles de l'armée, & non pas entre les rangs des princes. Mais remarquez bien que cette méthode d'ouvrir le premier corps pour laisser passer le second, ne se peut pratiquer que lorsqu'on a l'avantage, parce qu'alors on le peut faire en sureté, comme fit Scipion. Mais ayant du dessous, vous ne pouvez le faire, si-non avec un danger éminent ; c'est pourquoi il faut toujours avoir derriere vous des corps disposés à vous recevoir entre leurs rangs. Mais revenons à notre sujet. Les anciens Asiatiques, entre les autres moyens qu'ils avoient trouvé pour endommager leurs ennemis, se servoient d'ordinaire de chariots, qui avoient des faulx attachées aux côtés ; ensorte qu'ils étoient bons, non-seulement pour faire passage au travers des rangs par leur impétuosité, mais

aussi pour tuer des ennemis avec leurs faulx.
On se défendoit contre cette invention en trois
manieres. Ou on les soutenoit par l'épaisseur
des rangs ; ou on les laissoit passer au travers
des bataillons, comme les éléphans ; ou bien,
par quelque artifice, on leur faisoit une vigou-
reuse résistance, comme fit Sylla contre Arche-
laüs, qui avoit assez de cette espece de chariots,
contre lesquels Sylla fit planter bien des pieux
en terre derriere les premiers rangs, ensorte
qu'étant arrétés par-là, ils perdoient toute leur
impétuosité. Il faut aussi remarquer 'a nouvelle
méthode qu'observa Sylla contre ce prince dans
la disposition de son armée ; car il posta les
vélites & la cavalerie de l'arriere-garde, & tous
les gens pesamment armés à la téte de l'armée,
laissant entr'eux assez d'intervalle pour pouvoir
faire avancer ceux de derriere, en cas que la
nécessité y obligeât. Ayant donc commencé le
combat, & fait passer sa cavalerie au travers des
espaces qu'il avoit laissé dans les premiers rangs,
il remporta la victoire par ce moyen-là. Qui
veut mettre son ennemi en désordre au milieu
du combat, il faut faire naître quelque chose
qui l'étourdisse, ou en faisant courir le bruit
qu'il vient un renfort, ou en lui faisant voir
quelque chose qui frappe la vue ; ainsi les en-

nemis , surpris de ce spectacle , perdent la tramontane , & ensuite sont bien-tôt battus. Ce fut
de ces sortes de stratagêmes que se servirent
Minutius Ruffus , & Accilius Flabrio, consuls
Romains. Cajus Sulpitius fit monter plusieurs
goujats & valets d'armée sur des mulets , & il
les équippa de telle maniere, qu'il sembloit que
ce fussent des gendarmes ; ensuite il les fit
paroître sur une éminence pendant qu'il étoit
aux prises avec les Gaulois ; ce qui les lui fit
vaincre. La même chose arriva à Marius contre
les Allemans. Puis donc qu'au milieu du combat
une fausse attaque rapporte un grand avantage ,
sans doute que les véritables feront encore beaucoup mieux , sur-tout , si sans que l'ennemi le
prévît , on pouvoit tout d'un coup lui donner
en flanc ou en queue : ce que vous ferez difficilement si le terrein n'est pas disposé pour
cela ; car si c'est une plaine , vous ne pouvez
pas cacher une partie de votre monde , comme
il fant faire en telles attaques ; mais en pays
boisé ou montueux , & par conséquent , propre
aux embuscades , vous pouvez bien couvrir une
partie de vos gens , qui tout d'un coup & à
l'improviste , donneront sur l'ennemi ; & toutes
les fois que cela arrivera , vous en tirerez toujours un grand avantage. Il est quelquefois de

grande conséquence, au soir du combat, de faire courir le bruit que le général des ennemis est mort, ou que l'autre partie de votre armée les a battus ; ce qui a quelquefois fait remporter la victoire à celui qui s'est servi de cette ruse. Il est aisé de mettre en désordre la cavalerie, ou par des spectacles, ou par des cris extraordinaires, ce que fit Crésus qui opposa ses chameaux aux chevaux de son ennemi ; & Pirrus opposa aussi les éléphans à la cavalerie Romaine ; ce qui l'épouvanta & la mit en déroute. De notre tems, les Turcs défirent le Sophi de Perse & le Sultan de Syrie avec le seul bruit de la mousquetterie ; ce qui mit une telle épouvante dans la cavalerie de ces gens-là, que celle du Turc en eut bon marché. Les Espagnols pour battre Amilcar, mirent à la tête de leur armée des chariots pleins d'étoupes, tirés par des bœufs ; & étant aux mains, ils y mirent le feu. Ainsi les bœufs voulant se sauver du feu, donnerent dans l'armée d'Amilcar, & la rompirent. Comme nous l'avons déjà dit, on a accoutumé de surprendre l'ennemi par embuscades dans un pays propre pour cela : mais dans un terrein large & ouvert, quelques-uns se sont avisés de faire plusieurs tranchées, & les ont couvertes légerement de brouissailles & de terre, en laissant des entre-deux de terre solide pour pouvoir faire retraite quand le combat étoit échauffé ; ainsi l'ennemi les poursuivant, s'est quelquefois perdu par-là. Si au milieu du combat , il vous survient quelque accident capable de surprendre vos gens, la prudence veut qu'on le cache, ou même s'il se peut , qu'on en tire avantage , comme firent Tullius Hostilius & Sylla, qui voyant que pendant qu'on étoit aux mains , une partie de leur armée étoit passée du côté de l'ennemi , & s'appercevant que cette nouveauté étonnoit leurs gens , ils firent promptement courir le bruit que cela se faisoit par leur ordre ; ainsi bien loin que le reste de leur armée en fût épouventée ; au contraire, cela en augmenta tellement le courage , qu'ils en remporterent la victoire. Le même Sylla ayant envoyé quelques troupes à une expédition où il furent tués ; afin d'empêcher que son armée n'en prît l'allarme , il dit qu'il les avoit envoyés exprès à la boucherie, parce qu'il soupçonnoit leur fidélité. Sartorius donnant bataille en Espagne, tua un de ses gens qui lui rapportoit la nouvelle de la mort d'un des chefs de l'armée ; ce qu'il fit pour empêcher cet homme de repandre ce bruit parmi les troupes, qui auroit pu leur faire prendre l'épouvante. Rien n'est si difficile que d'arrêter une armée qui a pris la fuite, & de la ramener au combat. Il faut dans cette conjoncture , faire cette distinction : ou elle est toute entiere en déroute, en tel cas il est impossible de la rallier ; ou il n'y en a qu'une partie , & alors il y a quelque remede. Plusieurs généraux Romains, allant à la tete des fuyards, les ont arrêtés en leur faisant honte de leur lâcheté ; c'est ce que fit Sylla , qui voyant qu'une partie de ses légions avoit déjà tourné le dos, étant pressée de près par Mithridate , alla à leur tête l'épée à la main, criant : « Si » quelqu'un vous demande des nouvelles de » votre général, dites, nous l'avons laissé les » armes à la main en Beotie ». Le consul At- tilius opposa aux fuyards ceux qui faisoient ferme , & leur dit « qu'ils seroient tués , & par » les amis & par les ennemis , s'ils ne retour- » noient au combat ». Philippe de Macédoine apprenant que ses soldats épouvantés par les Scyhtes , prenoient la fuite, posta de la cava- lerie affidée derriere ses troupes, avec ordre de tuer tous les fuyards ; ce qui fit qu'aimant mieux mourir en combattant qu'en fuyant, ils remporterent la victoire. Plusieurs Romains ont souvent , au milieu du combat , arraché un drapeau des mains de leurs gens, & l'ont jetté au milieu des ennemis, en proposant récompense à celui qui le retireroit ; & ils faisoient cela , non pas tant pour empêcher la fuite, comme pour animer davantage leurs gens & leur faire faire un plus grand effort. Je crois qu'il sera assez à propos d'ajouter à ce discours ce qui survient après le combat, puisque ce sont des choses qui ne sont pas longues à déduire, ni qu'on doive mépriser; & que d'ailleurs elles ont du rapport à tout ceci. Je dis qu'on perd ou que l'on gagne les batailles. Quand on a remporté la victoire, il faut avec une diligence extrême pousser sa pointe, comme faisoit César, & non pas comme fit Annibal qui s'étant arrêté après avoir défait les Romains à la journée de Cannes, en perdit l'empire de Rome. Pour César, jamais il ne se reposoit après la victoire; au contraire, il poursuivoit & combattoit l'ennemi déjà vaincu avec plus de violence & de furie, qu'il ne l'avoit fait en l'attaquant. Mais lorsqu'on a perdu la bataille, il faut qu'un général voie s'il peut retirer quelque avantage de sa défaite : sur-tout s'il lui est resté une partie de son armée, il peut lui naître quelque belle occasion de la négligence de son ennemi, qui, après la victoire, tombe le plus souvent dans une certaine confiance qui vous donne lieu de le battre à son tour. C'est de cette maniere que Marius défit les Carthaginois, qui ayant tué les

deux

deux Scipions & défait leurs armées, compte-
rent pour rien le reste des gens qui étoient
demeurés avec Marius. Car il est vrai qu'il n'y
a rien qui donne plus lieu à prendre une heu-
reuse revanche de sa perte, que lorsque l'ennemi
est persuadé que vous n'oseriez plus rien entreprendre, les hommes étant plus aisés à surprendre par les choses qu'ils craignent le moins.
Enfin, un général ne pouvant pas réussir par
cette voie, doit au moins faire ensorte que sa
perte soit le moins préjudiciable qu'il se pourra ;
& pour y parvenir, il faut tâcher que l'ennemi
ne puisse vous poursuivre aisément, ou bien il
faut lui donner lieu de s'arréter. Au premier
cas, quelques généraux s'appercevant que la
bataille étoit perdue pour eux, ont commandé
à leurs lieutenants de se retirer par différens
endroits, en leur donnant à tous un quartier
d'assemblée ; d'où il arriveroit que l'ennemi ap-
préhendant de partager son armée, laissoit sauver
les fuyards ou la plus grande partie d'entr'eux.
Au second cas, plusieurs ont envoyé le meilleur
de leur butin au devant de l'ennemi, afin qu'é-
tant occupé au pillage il leur donnât plus de
tems pour s'échapper. Titus Dimius usa d'un
grand artifice pour cacher la perte qu'il avoit
faite dans le combat ; car ayant combattu jusqu'à

Tome VII.   E

la nuit avec grande perte de ses gens, il les fit enterrer pendant l'obscurité : ainsi au matin les ennemis voyant tant de corps morts des leurs & si peu de ceux des Romains, croyant avoir eu du désavantage, ils prirent la fuite. Je crois avoir satisfait en bonne partie à votre demande, quoiqu'avec quelque confusion. Il est vrai que touchant la forme des armées il me reste encore à vous dire que quelques généraux en ont souvent fait la tête en angle, s'imagnant que cette figure pouvoit plus aisément ouvrir l'ennemi. Les autres, au contraire, donnoient à la tête de leur armée la figure de ciseaux ouverts, afin qu'en recevant l'ennemi dans cet angle ils pussent l'enfermer & l'attaquer de tous cotés. Sur cela je veux que vous preniez cette maxime, que le meilleur moyen de rendre inutile le dessein de l'ennemi, c'est de faire de vous-même ce qu'il prétend vous faire faire de force ; car le faisant de cette maniere-là, c'est avec ordre, à votre avantage & à son préjudice : mais si vous étiez contraint de le faire, alors ce seroit votre perte. Pour appuyer cette maxime, je ne vous alléguerai rien de ce qui a déjà été dit. Votre ennemi marche sur vous en pointe pour ouvrir vos rangs : si vous allez en forme de ciseaux ouverts, vous le mettez en désordre, & vous gardez votre ordonnance. Annibal posta ses éléphans à la tête de son armée pour faire ouverture dans celle de Scipion ; Scipion, au contraire, marcha à lui avec son armée toute ouverte, & cela lui donna la victoire, en rendant inutile le dessein de son ennemi. Asdrubal posta ses meilleures troupes dans son corps de bataille, afin de repousser les troupes de Scipion ; & Scipion commanda que les siennes fissent retraite d'elles-mêmes ; ce qui lui donna la victoire. Quand ces sortes de stratagêmes sont prévus, celui contre qui on les machine en tire toujours avantage. Il me semble qu'il me reste encore à vous dire quelles maximes doit observer un général devant que d'entrer au combat : sur quoi j'ai à vous 'dire, premierement, qu'il ne faut jamais livrer bataille que lorsqu'on voit son avantage, ou qu'on y est contraint. L'avantage consiste dans la bonté de son poste, à avoir des troupes mieux disciplinées, ou en plus grand nombre, ou plus braves que celles de l'ennemi. On est dans la nécessité de combattre, lorsqu'on voitque son armée, en ne le faisant pas, ne laissera pas d'être dissipée par le manque de paie ou par celui de vivres, ou bien si vous savez que l'ennemi attend un renfort. Dans ces conjonctures il faut toujours livrer bataille, quoiqu'à notre désavantage, parce qu'il vaut bien mieux tenter la fortune , quand il y a encore espérance qu'elle peut vous être favorable qu'en ne la tentant point, voir votre perte assurée ; & c'est une aussi grosse faute à un général de ne pas combattre dans ces occasions, que d'avoir eu celle de vaincre & l'avoir ignorée , ou l'ayant connue , l'avoir laissé passer par lâcheté. Quelquefois l'ennemi vous donne de lui-même de l'avantage sur lui , quelquefois votre prudence vous le procure. Plusieurs armées ont été battues aux passages des rivieres par un ennemi adroit, qui a laissé avancer tous les soldats jusqu'au milieu de l'eau, & ensuite les a attaqués de tous côtés, comme fit César aux Suisses, qui tua le quart de tout leur monde, parce qu'il avoit eu l'adresse de mettre une riviere entr'eux & lui. Quelquefois votre ennemi se trouve las pour vous avoir poursuivi inconsidérément ; prévalez-vous de cet avantage si vous êtes frais & reposé. De plus, si l'ennemi vous présente bataille de bon matin , laissez-le bien des heures se morfondre sous le harnois , & quand vous voyez la premiere ardeur ralentie , sortez de vos retranchemens & le combattez. Voilà la maniere dont Scipion & Metellus combattirent en Espagne, l'un contre Asdrubal, & l'autre contre Sertorius. Si l'ennemi est diminué de forces , ou pour avoir partagé ses troupes , comme firent les Scipions en Espagne , ou pour quelqu'autre raison , vous devez tenter la fortune. La plus grande partie des grands capitaines aiment mieux recevoir l'ennémi , que de tomber sur lui , parce que la furie est aisément soutenue par des gens fermés & serrés ; & quand elle est soutenue , elle dégénere en lâcheté. C'est ainsi qu'en usa Fabius contre les Samnites & contre les Gaulois ; ce qui lui donna la victoire , au contraire de Décius son collegue qui fut tué. Quelques-uns redoutant la valeur de leurs ennemis , ont commencé la bataille le so·r , afin que leurs gens ayant du pire, pussent à la faveur des ténebres se mettre en lieu de sûreté. D'autres sachant que leurs ennemis faisoient scrupule de combattre dans un tems , ils l'ont choisi pour commencer à en venir aux mains , & les ont vaincus. C'est ce que fit César dans les Gaules contre Ariavicte ; & Vespasien en usa de même en Syrie contre les Juifs. Mais la plus grande & la plus importante précaution que doit avoir un général , c'est de tenir auprès de soi des gens affidés , sages & très-entendus dans le métier des armes , avec qui il doit toujours tenir conseil , & discourir sans cesse de ses troupes , de celles de l'ennemi ; de quel côté est le plus grand nombre ; qui sont les mieux armés, les mieux disciplinés, les plus forts en cavalerie, les plus propres à supporter la fatigue & la disette ; sur quoi il doit faire plus de fond, ou sur la cavalerie ou sur l'infanterie. Ensuite, qu'ils examinent bien le pays ou ils sont, & si l'ennemi en peut tirer plus d'avantage qu'eux ; lequel des deux partis tire plus facilement ses vivres & ses munitions ; s'il est à propos de donner ou de différer le combat : car souvent les soldats perdent courage en voyant la guerre tirer de longue, & se lassant de fatiguer, ils désertent. Il faut, sur-tout, bien connoître le général des ennemis, & ceux qui le conseillent ; s'il est téméraire ou prudent ; s'il est lâche ou hardi : voir si vous pouvez faire fond sur les troupes auxiliaires : mais sur-tout, prenez bien garde de ne mener jamais au combat une armée qui craint, ou qui, en quelque maniere que ce soit, se défie de la victoire ; car on est à demi battu quand on croit ne pouvoir vaincre. Il faut donc en tel cas éviter le combat, & faire comme Fabius, qui se campant toujours dans des postes avantageux, ôtoit la hardiesse à Annibal de l'aller attaquer. Ou si vous appréhendiez que l'ennemi vous vînt encore attaquer dans vos retranchemens les plus forts, quittez la campagne, & dispersez vos troupes dans les places afin de le lasser à faire des siéges.

Bᴏɴᴅᴇʟᴍᴏɴᴛᴇ. Ne peut-on éviter autrement le combat, qu'en distribuant son armée dans les places ?

Cᴏʟᴏɴɴᴇ. Je crois que d'autres fois j'ai déjà dit à quelqu'un de vous , que tant qu'on tient la campagne , on ne peut pas éviter de combattre avec un ennemi, qui a dessein de le faire à quel que prix que ce soit ; à quoi il n'y a point d'autre remede , que de se tenir loin de lui , au moins dix-huit ou vingt lieues , afin d'avoir le tems de décamper devant lui, lorsqu'il entreprendroit de venir vous forcer. Pour Fabius , il n'avoit pas dessein d'éviter le combat avec Annibal , mais il vouloit le donner avec avantage : & Annibal ne croyoit pas pouvoir le battre, en l'allant attaquer dans ses retranchemens. Que s'il avoit cru le vaincre de cette maniere, il eût fallu que Fabius eût combattu à quelque prix que ce soit, ou eût abandonné la campagne. Philippe , roi de Macédoine , pere de Perses , étant en guerre avec les Romains , se campa sur une fort haute montagne ; mais les Romains allérent l'y attaquer & le battirent. Vercingentorix, chef des Gaulois , ne voulant point en venir aux mains avec César , qui avoit passé une riviere

E 4

contre l'espérance de l'ennemi, il se retira avec son monde bien loin des Romains. Si les Vénitiens, dans nos jours, ne vouloient point en venir aux mains avec les Français, ils ne devoient pas attendre qu'ils eussent passé l'Adda ; mais ils devoient, en s'éloignant bien loin, imiter cet ancien capitaine de la même nation. Au contraire, ayant trop attendu, ils ne surent pas prendre leur avantage pendant que l'ennemi passoit la riviere pour lui donner bataille, & ils n'eurent pas l'adresse de trouver les moyens de l'éviter ; car les Français étant trop proche de l'armée de cette république, ils l'attaquerent & la défirent dans le tems qu'elle décampoit. Enfin, qnand l'ennemi vous veut absolument livrer bataille, il vous est impossible de l'éviter. Et ne m'alléguez point Fabius ; car, ni lui, ni Annibal, n'avoient formé le dessein de ne point se battre absolument. Quelquefois il arrive que vos gens souhaittent le combat, quoique vous sachiez bien, & par la quantité de monde que vous avez, & par le pays ou par quelqu'autre raison, que vous êtes fort inférieur à l'ennemi ; ainsi vous souhaittez de faire quitter cette pensée a vos troupes. Il arrive, au contraire, quelquefois, que la nécessité ou la conjoncture vous oblige à en venir aux mains, dans le tems que vos gens ne sont pas assurés, & qu'ils se trouvent mal disposés pour le combat : il faut donc qu'en l'une de ces occasions vous rabattiez leur ardeur ; & dans l'autre, vous leur releviez le courage. Dans le premier cas, lorsque les discours n'y font rien, le plus sûr est d'en faire battre quelques-uns par l'ennemi, afin que ceux-là & les autres qui n'ont point combattu, vous croyent. On peut bien aussi faire par artifice ce que Fabius fit par hasard. Vous savez bien que l'armée de Fabius en vouloit venir aux mains avec celle d'Annibal, & que le colonel général de cavalerie étoit dans la même pensée, quoique Fabius ne le jugeât pas à propos ; & la différence d'avis alla si loin, qu'ils partagerent l'armée. Fabius retint les siens dans ses retranchemens, & l'autre livra le combat, où ayant eu du pire, il eût été entiérement défait, si Fabius ne l'eût secouru. Ce fut par cette expérience que le général de la cavalerie & toute l'armée apprirent que le meilleur parti étoit d'obéir à Fabius. Pour ce qui regarde les moyens d'animer vos gens contre l'ennemi, il faut les piquer contre lui, en leur faisant entendre qu'il parle d'eux comme de canailles ; que cependant on a de l'intelligence avec quelques-uns des siens, dont on a gagné une partie. Il faut prendre des loge-

mens en des endroits d'où ils voyent l'ennemi
& viennent quelquefois à escarmoucher avec lui,
parce qu'on s'accoutume à avoir moins de peur
de ce qu'on voit tous les jours. Il faut aussi
marquer de l'indignation, & dans quelque ha-
rangue, qui viendra à propos, il faut leur reprocher leur lâcheté; & pour leur en faire honte,
dire « qu'on ne laissera pas de combattre seul,
» s'ils sont assez lâches pour ne vous pas suivre ».
Mais sur toutes choses, ayez cette prudence,
si vous voulez rendre vos gens obstinés au combat, de ne souffrir pas qu'ils envoient leur butin
chez eux, ou en lieu sûr, jusqu'à ce que la
guerre soit finie; afin qu'ils sachent, que si en
fuyant ils sauvent leur vie, au moins ils ne sau-
veront pas leur bien, dont l'amour qu'ils ont
pour lui ne les rend pas moins obstinés à se
bien battre, que l'envie de défendre leur vie.

BONDELMONTE. Vous nous avez dit que pour
animer les gens au combat, il faut leur parler.
Entendez-vous qu'il faille effectivement parler
à tous, ou seulement aux chefs?

COLONNE. Pour persuader ou pour dissuader
une chose à un petit nombre, rien n'est plus
aisé à faire, parce que si les paroles ne suffi-
sent pas, vous pouvez employer l'autorité & la
force. Mais la difficulté est de faire changer à

toute une armée une opinion qui est contraire au bien commun, ou à votre dessein ; & là vous ne pouvez employer que les paroles qui ayant à persuader tout le monde, doivent être entendues de tout le monde. C'est pour cela qu'il étoit nécessaire que les grands capitaines fussent grands orateurs, parce qu'on ne peut que difficilement opérer rien de bon dans ces rencontres, qu'en parlant à toute une armée : mais c'est un usage entiérement perdu dans notre tems. Lisez-moi la vie d'Alexandre-le-Grand, & voyez combien de fois il fut obligé d'harahguer son armée ; sans cela il ne l'auroit jamais conduite aux indes en traversant les déserts de l'Arabie, parce que cette armée étoit chargée de richesse & de pillage. Et il arrive souvent qu'une armée périt, parce que le général ne sait pas, ou n'a pas accoutumé de lui parler. Car par ces discours on donne du courage en diminuant les sujets de crainte ; on augmente l'opiniâtreté ; on découvre les fourberies de l'ennemi ; on fait espérer des récompenses ; on découvre les dangers & les moyens de les éviter ; on reprend, on prie, on menace, on remplit d'espérance, on loue, on blâme ; en un mot, on fait tout ce qu'il faut pour exciter & allumer les passions humaines. Ainsi, tou prince qui fait une armée nouvelle , afin de rétablir cette bonne coutume , doit accoutumer ses troupes à entendre parler leur général ; & le général à savoir ce que c'est que de parler à son armée. C'étoit une chose assez puissante autrefois sur l'esprit des soldats que la religion & le serment qu'on leur faisoit prêter quand on les enrôlot ; parce qu'à la moindre faute qu'ils faisoient on les menaçoit, non-seulement de ce qu'ils avoient à craindre de la part des hommes, mais aussi de ce qu'ils devoient appréhender de la part des dieux. En ce moyen - là, étant accompagné d'autres cérémonies de religion, rendoit souvent toutes choses faciles aux anciens, & le feroit encore dans les lieux où l'on respecteroit & où l'on observeroit la religion. Sertorius s'en sut bien prévaloir en feignant de parler avec une biche qu'il disoit « que les dieux lui » envoyoient pour lui annoncer qu'il rempor- » teroit la victoire. Sylla disoit qu'il s'entretenoit » avec une image qu'il avoit tirée du temple » d'Apollon. Plusieurs ont dit que dieu leur » étoit apparu en songe , leur commandant de » combattre ». Du tems de nos peres, Charles VII , roi de France , dans la guerre contre les Anglais , disoit « qu'il recevoit tous ses conseils » d'une jeune vierge que dieu lui avoit en-

» voyée », qui ensuite a été appellée par-tout la pucelle de France. Cela aida ce prince à remporter tant de victoires sur le roi d'Angleterre. On peut encore pratiquer des moyens qui fassent que vos gens méprisent l'ennemi, comme ce que fit Agesilaüs, Lacédémonien qui fit voir à ses gens quelques corps de Persans déshabillés, afin que voyant leur délicatesse, ils n'en eussent point de peur. D'autres les ont contraint de se battre par nécessité, leur ôtant toute espérance de salut hors de la victoire : & c'est-là le plus sûr & le plus fort moyen de rendre vos gens acharnés au combat. Cette opiniâtreté est encore augmentée par l'amour de la patrie, ou par celle de son général. Cette tendresse pour son général est produite par la confiance qu'on a en lui, par l'estime qu'on en fait, par les bons ordres qu'il donne, & par les victoires qu'il a remportées, sur tout quand elles sont récentes. L'amour pour la patrie vient de la nature; celle du général vient de sa valeur bien plus que de ses bienfaits. Il peut y avoir plusieurs sortes de nécessités, mais il n'en est point de plus pressante, que celle de vaincre ou de mourir.

Fin du quatrieme Livre.

DE L'ART

DE LA

GUERRE.

LIVRE CINQUIEME

COLONNE. Je vous ai montré quelle ordonnance il faut donner à une armée pour en
combattre une autre qui lui est opposée. Je vous
ai dit aussi de quelle maniere il faut la battre.
Ensuite je vous ai entretenu de diverses circons-
tances qui peuvent se trouver dans différens
accidens, qui surviennent quelquefois. Ainsi je
pense qu'il est tems de vous faire voir comment

il faut conduire une armée contre un ennemi
qu'on ne voit pas, mais dont on craint à tout
moment d'être attaqué. C'est ce qui arrive quand
on marche en pays ennemi, ou suspect. Premierement, il faut savoir qu'en tel cas les Romains, pour l'ordinaire, faisoient marcher devant
quelques troupes de cavalerie, pour faire la
découverte des routes; ensuite marchoit l'aîle
droite, qui étoit suivie de son bagage & de ses
fourgons; après marchoit l'aîle gauche, ayant
aussi en queue tout son équipage; & anfin suivoit
le reste de la cavalerie. Et s'il arrivoit que l'armée fût attaqueé dans sa marche ou de front ou en
queue, ils faisoient tout d'un coup retirer tous les
équipages à gauche, ou à droite, selonqu'on le
jugeoit plus à propos, ou que la situation le
permettoit; & tout le monde étant ainsi dé-
barrassé du bagage, faisoit tête tout à la fois
du côté que venoit l'attaque. Si on étoit attaqué
en flanc, on mettoit tout l'attirail en lieu de
sureté, & l'on faisoit tête de ce côté-là. Cette
méthode étant bonne & prudente, je trouve
qu'on devroit la suivre, en envoyant devant les
chevaux légers, pour faire la découverte du pays.
Ensuite si l'on avoit quatre régimens, il faudroit
les faire filer, avec chacun leur bagage en queue.
Et parce que dans une armée il y a de deux
sorte

sortes de charrois, les uns au public de cette armée, les autres aux particuliers, je ferois quatre parts des premiers; & j'en donnerois une part à chaque régiment. Je partagerois encore de même en quatre l'artillerie & les gens qui ne sont pas de défense, afin que les troupes eussent chacune leur part de l'embarras. Mais parce qu'il arrive quelque fois que vous marchez en pays tellement ennemi, qu'il n'est point de moment où vous ne craigniez d'être surpris par quelque attaque, vous êtes contraint, pour marcher avec plus de sureté, de changer la forme de votre marche, & d'être toujours en si bonne ordonnance, que vous ne craigniez, ni les paysans, ni les troupes ennemies. En telle conjoncture, les anciens capitaines avoient accoutumé de marcher en forme quarrée, c'est-à-dire, en maniere qu'ils pussent, étant attaqués, se défendre de quatre côtés; & ils disoient, qu'avec cette disposition ils étoient disposés pour la marche & pour le combat. Je ne prétens point m'éloigner de cette méthode, & je veux disposer de cette maniere les deux régimens que j'ai pris pour me servir de regle à former une armée. Voulant donc, pour cet effet, marcher en toute sureté en pays ennemi, & pouvoir répondre de quatre côtés à quiconque

m'attaqueroit , je mettrois mon armée en quarré ,
imitant les anciens , & j'y ferois au milieu un
vide , qui auroit, de tous sens , soixante - dix
toises. Je disposerois donc mes flancs dans l'é-
loignement l'un de l'autre de soixante-dix toises, &
à chaque flanc je donnerois cinq bataillons de file
en longueur , laissant entre chaque bataillon une
toise ; ainsi , tous ces bataillons occuperoient un
terrein de soixante-dix toises de long , y compris
les intervalles, parce que chaque bataillon doit
occuper treize toises de hauteur. Je disposerois
ensuite entre la tête & la queue de ces flancs les
autres dix bataillons, cinq à l'une & cinq à l'autre
en les plaçant de maniere que quatre fussent aux
côtés de la tête du flanc à droite , & quatre à
côté de la queue du flanc à gauche , éloignant
ces quatre bataillons-là de huit pieds l'un de
l'autre. Pour les cinquiemes bataillons, j'en posterois un à côté de la tête du flanc à gauche ,
& l'autre à côté de la queue du flanc à droite ;
& parce que le terrein , qui est d'un flanc à
l'autre , est de soixante - dix toises, & que ces
bataillons, qui sont disposés aux côtés des deux
flancs , non pas en longueur, mais en largeur ,
occuperoient , par conséquent, avec leurs intervalles , quarante-cinq toises, il se trouveroit
qu'entre les quatre bataillons qui seroient au
ong de la tête du flanc droit, & le cinquieme ,

posté au long de la tête du flanc gauche, il
resteroit un terrein de vingt-cinq toises, qui se
trouveroit aussi entre les bataillons disposés à
la queue ; & il n'y auroit d'autre différence,
si-non que le terrein vide vers la queue seroit
du côté de l'aîle droite, & l'autre même terrein
vers la tête se trouveroit du côté de l'aîle gauche.
Dans le terrein vide de la tête je placerois tous
les vélites ordinaires, & dans celui de la queue
tous les extraordinaires, qui ne feroient pas
tout-à-fait mille pour chaque terrein vide. Ou
si vous vouliez que l'espace du milieu eût,
de tous sens, deux cens douze brasses, il faudroit que les cinq bataillons pour la tête, &
les cinq autres pour la queue, ne prissent
rien du terrein qu'occupent les flancs ; & pour
cela, il faudroit que les cinq bataillons de la
queue touchassent de la tête la queue des flancs,
& que les cinq bataillons de la tête touchassent
de leur queue la tête des flancs, ce qui feroit
encore quatre angles vides aux quatre coins de
toute l'armée, capables de contenir chacun un
bataillon. J'y posterois donc quatre enseignes
de piquiers extraordinaires ; & pour les deux
autres enseignes qui me resteroient, je les placerois au milieu du quarré de l'armée, & à leur
tête le général, avec ses gens autour de lui. Et
parce que les bataillons ainsi disposés marchent

tous d'un sens, quoiqu'ils aient souvent à combattre de plusieurs, il faut, lorsqu'on les met en corps d'armée, les poster de maniere que tous les côtés, qui ne sont point couverts des autres bataillons, puissent combattre. Sur ce pied-là, il faut savoir que les cinq bataillons de la tête sont couverts de tous côtés, excepté de front; il faut donc les ranger de sorte qu'ils aient tous leurs piquiers à la tête. Les cinq bataillons en queue sont couverts de toutes parts, hormis des épaules; il faut donc les ranger ensorte que tous les piquiers fassent les derniers rangs, comme nous l'avons montré en son lieu. Les cinq bataillons du flanc à droite ne sont découverts que de ce côté-là; les cinq autres du flanc à gauche ne sont aussi découverts que par la gauche : en rangeant donc l'armée en bataille, tournez toutes les pointes des piques du côté découvert. Quand nous avons parlé de la méthode de ranger une armée en bataille, nous avons dit, comment il falloit poster les caporaux ou dixeniers, & à la tête, & à la queue, afin que, lorsqu'il sera question de combattre, les armes & les gens se trouvent tous dans leurs postes. Je partagerois en deux l'équipage d'artillerie; je les posterois tous deux en dehors sur les deux flancs, & je ferois marcher devant les chevaux légers à la découverte du pays. Pour les gendarmes, je les

posterois à la queue vers les deux angles du flanc,
à droite du flanc à gauche, mais éloignés des
bataillons de treize toises. Souvenez-vous, en
rangeant une armée en bataille, que c'est une
maxime, qu'il faut toujours poster la cavalerie,
ou en queue, ou sur les flancs. Si vous la postez
à la tête, vis-à-vis de l'armée, il faut que vous
fassiez l'une de ces deux choses : ou que vous
l'éloigniez assez, pour qu'elle puisse, étant
repoussée, éviter votre infanterie & ne pas tomber
dessus ; ou ranger tellement votre infanterie,
qu'elle puisse laisser passer la cavalerie au travers
de ses rangs sans les rompre. Au reste, c'est ici
un avis qu'il ne faut pas mépriser ; car plusieurs
n'y ayant pas pensé, se sont perdus, & se sont
eux-mêmes mis en déroute. Le bagage & les gens
sans défense sont mis dans le quarré de l'armée,
mais de telle façon qu'ils ne nuissent point au
passage de ceux qui vont de flanc en flanc, ou
de la tête à la queue. Tous ces bataillons, sans
compter l'artillerie & la cavalerie, occupent de
terrein en dehors, de quelque côté qu'on les
prenne, quatre-vingt-quatorze toises. Or, parce
que tout le quarré est composé de deux régimens, il faut le partager, pour savoir quelle
partie fait un régiment & quelle partie fait
l'autre ; & parce que des régimens ne sont dis-

F 3

tingués que par un nom de nombre, & qu'ils sont composés de dix bataillons avec un commandant général, ou colonel, je voudrois que le premier régiment eût les cinq premiers bataillons à la tête du quarré, & les cinq autres dans le flanc à gauche, & le colonel dans l'angle de la tête à gauche. Le second régiment ensuite auroit ses cinq premiers bataillons en flanc à droite, & ses cinq autres en queue à droite, & le colonel dans l'angle à droite, comme s'il conduisoit l'arriere-garde. A présent que cette armée est en ordonnance, il la faut mettre en mouvement, & prendre bien garde de n'y rien changer dans la marche; car avec ces précautions, on peut ne rien craindre des attaques des gens du pays. Il ne faut point que le général prenne d'autres mesures contre ces attaques tumultuaires, que de commander à quelque compagnie de chevaux légers, ou à quelque enseigne de vélites, de les repousser. Après tout, ne craignez point que ces sortes de gens approchent à la portée de l'épée ou de la pique; car, les milices craignent toujours les troupes réglées, & vous verrez qu'elles vous attaqueront toujours avec grand bruit, sans s'approcher trop près, comme font les petits chiens autour d'un mâtin. Quand Annibal vint en Italie, au grand dommage

ART DE LA GUERRE.

Sixième figure, qui se rapporte à la page 85 du VII.ᵐᵉ volume.

Armée de deux bataillons en bataille, faisant front de tous côtés.

Le front pour la marche.

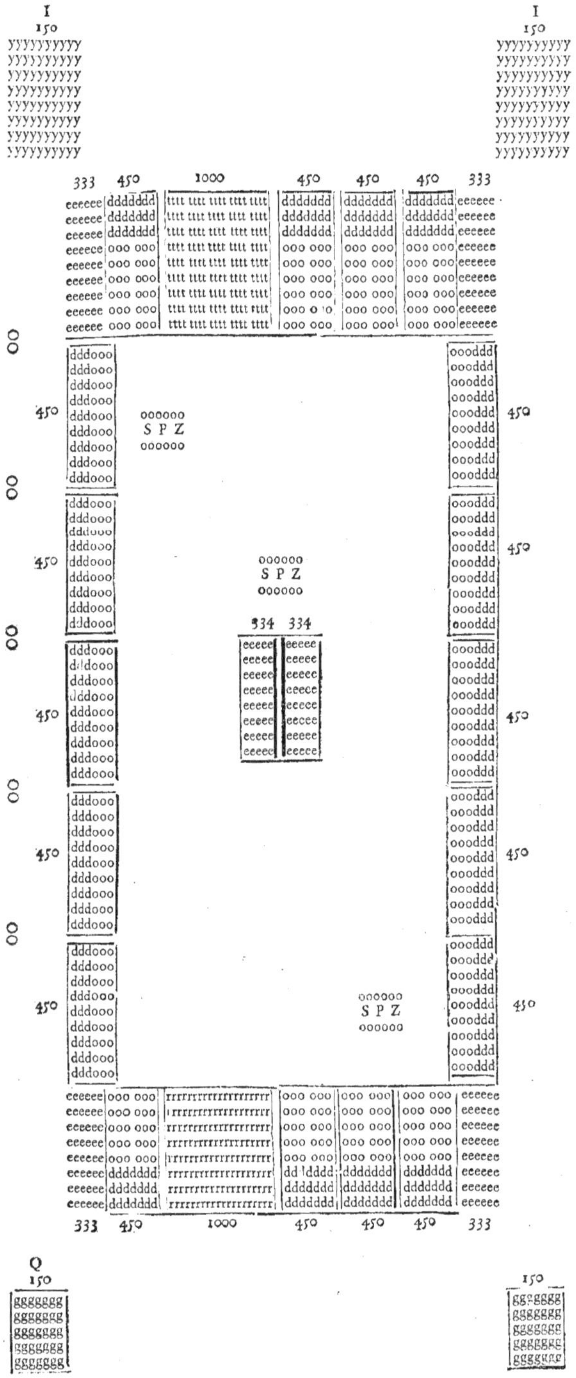

A R

Sixiéme fig[ure]

Armée de [...]

I
150
yyyyyyyyyy
yyyyyyyyyy

450
| dddooo |
| dddooo |
| dddooo |
| dddooo |
| dddooo |
| dddooo |

eeeeee	ooo o[...]
eeeeee	ooo o[...]
eeeeee	ooo o[...]
eeeeee	ooo o[...]
eeeeee	ooo o[...]
eeeeee	ddddd[...]
eeeeee	ddddd[...]
eeeeee	ddddd[...]

333   450

Q
150
| ggggggg |
| ggggggg |
| ggggggg |
| ggggggg |
| ggggggg |

des Romains, il traversa la Gaule, & se moqua toujours des mouvemens tumultuaires des paysans Gaulois. Quand on marche, il faut avoir des pionniers, & autres ouvriers devant vous, qui vous fassent le chemin; mais il faut les faire escorter de la cavalerie que vous envoyez à la découverte. Il faut que l'armée, gardant toujours cette ordonnance, fasse trois à quatre lieues par jour, & qu'elle ait assez de soleil en arrivant au camp, pour se loger & repaître; car, la marche ordinaire d'une armée est d'environ sept lieues par jour. S'il arrive que vous soyez attaqué par une armée en ordonnance de bataille, comme une telle armée ne peut pas naître tout d'un coup, car elles vont un pas réglé, vous avez assez de tems pour vous préparer au combat, & pour vous mettre dans l'ordre de bataille, que j'ai montré ci-dessus. Car, si vous êtes attaqué à la tête, vous n'avez qu'à y faire venir l'artillerie qui est sur les flancs, & la cavalerie qui est à la queue, & les mettre tous dans les postes, que nous avons marqués ci-devant, en gardant toutes les distances que nous avons dit. Les mille vélites, qui sont à la tête, doivent sortir de leur poste, & se partager en deux corps, de cinq cens chacun, pour aller prendre poste entre la cavalerie & les aîles de l'armée. Mais dans le vide qu'ils laisseront, postez-y les deux enseignes de piquiers extraordinaires, que j'avois postés dans la place de l'armée. Les mille vélites, que j'ai mis à la queue, le quitteront, & viendront sur les deux flancs des bataillons; pour les fortifier; puis faites sortir tout le bagage par l'ouverture qu'ils laisseront, aussi bien que les gens sans défense, & mettez le tout à la queue des bataillons. La place donc étant vide, & chacun ayant pris son poste, que les cinq bataillons, que j'avois mis à la queue de l'armée, avancent par le terrein vide qui est entre les deux flancs, & que des cinq il y en ait trois qui s'approchent de la tête, à treize toises près, en laissant entr'elles des espaces égaux, & que les deux de reste demeurent derriere les trois, éloignés aussi de treize toises. On peut en un instant mettre l'armée sous cette forme, qui approche de l'ordonnance que nous avons démontrée ci-devant; & si elle est plus étroite de face, elle est plus grosse de flanc, ce qui ne la rend pas moins forte. Mais parce que les bataillons, qui étoient en queue, ont les piquiers dans les derniers rangs, pour les raisons que nous avons dites, il faut les poster dans les premiers, afin qu'ils épaulent la tête de l'armée. Or, pour cet effet, il faut leur faire faire un tour, bataillon après

bataillon, comme à des corps solides, ou les faire
entrer promptement entre les écuyers, & les
faire marcher à la tête. Cette derniere méthode
est plus prompte & moins embarrassante, que de
les faire tourner. Vous devez vous conduire de
même pour tous les bataillons qui se trouvent
à la queue, lorsque vous êtes attaqué, de quelque
maniere que ce soit, comme je vous le montrerai. Si l'ennemi se présente à la queue, la
premiere chose qu'on a à faire, est que chacun
tourne de la face à l'épaule, & par-là l'armée a
fait tout d'un coup de la queue la tête, & de la
tête la queue. Ensuite, il faut observer que tout
ce que j'ai dit, pour mettre cette tête dans l'ordonnance qu'elle doit avoir. Si l'ennemi vient
donner sur le flanc à droite, il faut faire faire
volte face à toute l'armé de ce côté-là; ensuite faire
tout ce qu'on a dit ci-dessus, mettre cette tête
en défense, ensorte que la cavalerie, les vélites,
le canon, soient chacun dans le poste où il doit
être par rapport à cette nouvelle tête. Il n'y a
de la difficulté que pour le plus & pour le moins,
lorsqu'on fait ces changemens de tête & de
queue. Il est vrai, qu'en faisant du flanc à droite
la tête, il faudroit que les vélites entrassent dans
les intervalles qui sont entre les aîles de l'armée,
& la cavalerie seroit plus proche du flanc à

gauche, en la place de laquelle il faudroit faire entrer les deux enseignes de piquiers extraordinaires, qui étoient rangés au milieu. Mais devant que de les y faire entrer, il faudroit faire débarrasser la place de fourgons, des gens sans défense, & de tout le bagage, qu'il faudroit poster derriere le flanc à gauche, qui alors seroit la queue de l'armée; & les autres vélites, qui, selon la principale disposition de l'armée, étoient postés à la queue, ne doivent point changer de poste en ce cas-ici, afin que cet endroit-là, qui de queue deviendroit flanc, ne fût point découvert. Tout le reste doit se régler sur ce qu'on a dit d'abord touchant la tête de l'armée. (*Figure VII.*)

Tout ce qu'on a dit, pour faire du flanc à droite la tête, se doit appliquer au flanc à gauche, lorsqu'on en veut aussi faire la tête; car, c'est la même méthode. Si l'ennemi venoit fort de monde, & en belle ordonnance, pour vous attaquer en deux endroits, il faudroit fortifier ces deux endroits-là des deux autres côtés qui ne seroient pas attaqués, en doublant les rangs des premiers, & en leur partageant également l'artillerie, les vélites & la cavalerie. Si l'ennemi donne sur vous par trois ou quatre endroits, il faut que lui ou vous manquiez de prudence,

C R E.

le volume.

nt de tous côtés.

rrrrrr
rrrrrr

eeee
eeee
eeee
eeee
eeee
eeee
eeee

333

ART DE LA GUERRE.

Septième figure, qui se rapporte à la page 90 du T. volume.

Armée de deux régimens en bataille, faisant frt de tous côtés.

LE FRONT.

I	Q	OO		OO	OO	OO	OO	OO	O	OO		OO		Q	I
150	150	500	333	450	333	333	450	450	450	450	333	500		150	150

yyyyyy gggggg tttttt eeeee rddddr eeeee eeeee rddddr rddddr rddd rddddr eeee tttttt gggggg yyyyyyyyyy

rrrrrr ... dddooooo ... ooooo / s P z ... rrrrrr

450 450

rddddr roooor

450 450 333 333

eeeee

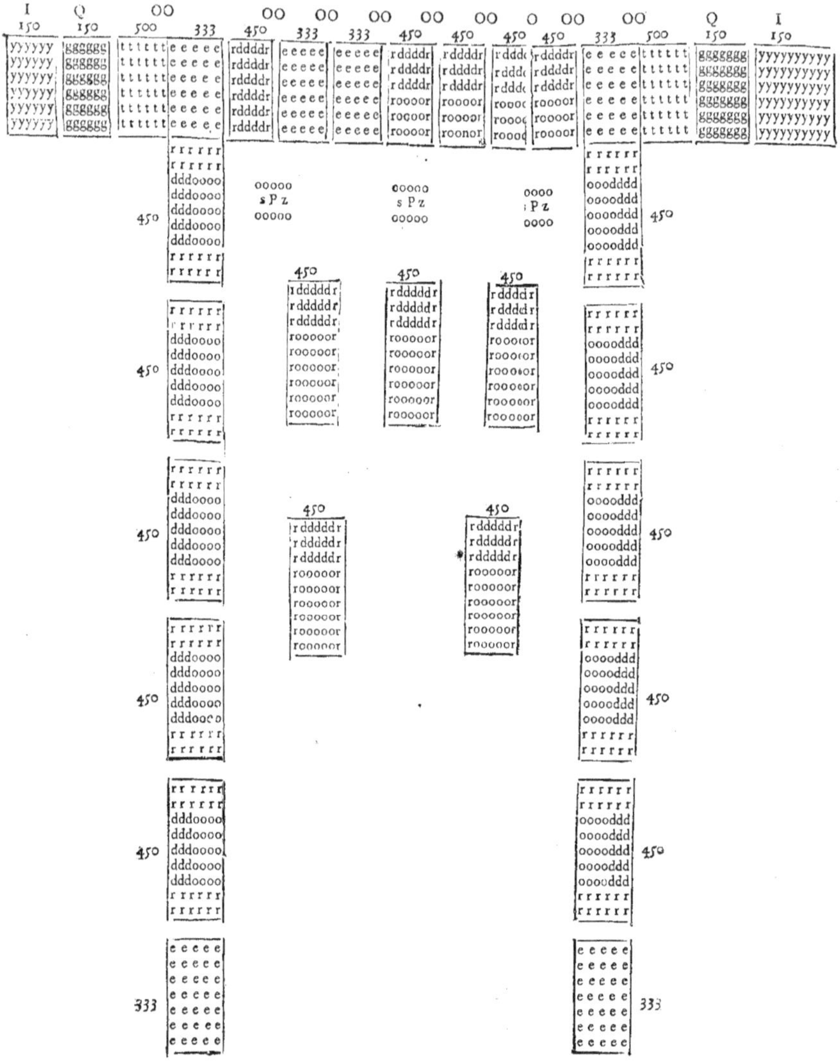

parce que , si vous en avez, vous ne vous en-
gagerez jamais dans un pays où l'on vous puisse
attaquer , en belle ordonnance , & avec beaucoup
de force , en trois ou quatre endroits à la fois,
parce que, si on le veut faire avec sureté, il
faut que de tous les endroits dont on vous attaque ,
on ait en chacun presque autant de monde
comme vous dans toute votre armée. Et si vous
êtes si peu sage, que d'entrer en pays ennemi ,
& au milieu de forces trois fois plus considérables que les vôtres , vous ne pouvez vous
en prendre qu'à vous-même , s'il vous en arrive
accident. Mais si vous recevez quelque échec
par un malheur , cela ne fera point de tort à
votre honneur , & il ne vous arrivera que ce
qui est arrivé à Asdrubal en Italie , & aux deux
Scipions en Espagne. Mais si l'ennemi , n'ayant
guere plus de forces que vous , veut cependant
vous attaquer en plusieurs endroits à la fois , ce
sera votre bonne fortune qui lui fera faire cette
sottise , parce que , s'il veut entreprendre une
telle chose, il ne le peut faire qu'en rendant ses
bataillons si foibles , qu'il vous sera aisé , & de
soutenir d'un côté , & d'enfoncer de l'autre , &
par conséquent, de le mettre en déroute. Cette
maniere de ranger une armée en bataille contre
un ennemi qu'on ne voit pas encore , mais qui

pourroit se présenter à l'improviste, est nécessaire ; & même il sera fort avantageux, en mettant
vos troupes en corps d'armée, de les accoutumer
à marcher dans cette ordonnance. Et dans la
marche il faudra disposer la tête à combattre,
puis reprendre la marche ; ensuite faire de la queue
la tête, puis reprendre la marche : enfin, faire
des flancs la tête, & reprendre encore la marche ;
car, si vous voulez avoir une armée bien disciplinée, il faut l'instruire souvent, & lui faire
prendre l'habitude de toutes ces sortes d'exercices. C'est sur-tout là-dessus que les généraux
& les princes mêmes doivent prendre beaucoup
de peine ; car, la discipline militaire n'est autre
chose, que de savoir ordonner & exécuter toutes
ces choses-là ; & une armée bien disciplinée, c'est
une armée habituée à tous ces mouvemens. Or,
il seroit impossible d'en mettre jamais en déroute
une qui, dans ce tems-ici les pratiqueroit comme
il faut. Au reste, si cette ordonnance de figure
quarrée paroît un peu difficile, il sera nécessaire
de la prendre pour une bonne leçon d'exercice,
parce que, quand on en aura pris l'habitude, il
sera aisé après cela de réussir dans les autres.

BONDELMONTE. Je suis persuadé, comme
vous le dites, que tous ces exercices sont nécessaires ; & pour moi, j'avoue que je n'y vois

rien à ajouter, ni à retrancher. Il est vrai, que je voudrois bien savoir de vous deux choses : l'une, quand vous voulez des flancs ou de la queue faire la tête, & que vous les commandez de tourner, savoir si vous faites ce commande-ment, ou de la voix, ou par le tambour. L'autre chose est de savoir, si lorsque vous envoyez faire esplanader les chemins, vous y employez de vos propres soldats, ou d'autre sorte de gens destinés à cela.

COLONNE. Votre premiere question est de conséquence, parce que, lorsque les ordres d'un général ne sont pas bien entendus, ou mal inter-prétés, souvent il en arrive du désordre dans les armées : c'est pourquoi il faut qu'en lieu dangereux le commandement soit sur-tout clair & intelligible. Or, si vous employez le tambour ou autre instrument pour faire le commandement, il faut que d'un son à l'autre il y ait une diffé-rence si sensible, qu'il ne soit pas possible d'y faire équivoque : & si vous commandez de vive voix, prenez bien garde d'éviter les termes géné-raux, n'employant que ceux qui sont propres ; & encore de ceux-ci faut-il éviter ceux qui pourroient recevoir une méchante interprétation. Souvent on a vu périr une armée, pour avoir dit, arriere arriere, au lieu de dire, retirez-

vous. Si vous voulez faire tourner pour faire tête,
ou en flanc, ou en queue, ne dites jamais tournez-
vous, mais seulement demi-tour à droite, demi-
tour à gauche. Il faut donc que tous les termes
du commandement soient simples & clairs, comme:
serrez les rangs; prenez garde à vous; marchez;
retirez-vous. (1) Mais que tout ce qu'on pourra
commander de vive voix, qu'on le fasse; le reste
se commandera par les tambours & autres instrumens. Pour ce qui est des pionniers, je voudrois
que ce fussent mes soldats qui en fissent l'office,
tant parce que les Romains le pratiquoient ainsi,
que pour avoir le moins de bouches inutiles que
je pourrois dans mon armée, & j'en tirerois
de chaque bataillon le nombre qu'il m'en faudroit,
en leur donnant les pioches & autres instrumens nécessaires pour cela, leur faisant laisser
leurs armes à ceux des files qui seroient les plus
proches d'eux; puis, quand l'ennemi paroîtroit,
les pionniers reprendroient leurs armes & leurs
rangs.

BONDELMONTE. Qui est-ce qui porteroit tous
ces instrumens des pionniers?

---

(1) *De Statefort, Voyez les Remarques*, ou l'*Avis
du Traducteur.*

COLONNE. Les charettes destinées pour cela.

BONDELMONTE. Je doute que vous puissiez jamais faire résoudre nos soldats à piocher.

COLONNE. Nous parlerons de tout cela dans son lieu. Pour l'heure, je laisse toutes ces choses, voulant vous entretenir de la maniere de faire vivre l'armée ; car il me semble qu'après l'avoir tant travaillée, il est tems de la rafraîchir un peu. Il faut que vous sachiez qu'un prince doit sur-tout faire ensorte que son armée soit débarrassée, aisée à manier, déchargée de bagage, & propre pour les plus difficiles & les plus promptes expéditions. Ce qui est le plus difficile, c'est de la tenir toujours bien pourvue de vivres. Les anciens ne s'embarassoient pas pour le breuvage, parce que n'ayant point de vin, ils buvoient de l'eau teinte avec un peu de vinaigre. Cela ne vaudroit rien dans les climats froids pour lui donner du goût. Ainsi, dans la liste des munitions de l'armée, on ne mettoit que le vinaigre & non du vin. Ils ne cuisoient point le pain au four, comme il se pratique dans les bonnes villes ; mais on faisoit provision de farine, & chaque soldat faisoit ce qu'il lui plaisoit de sa portion. Pour l'assaisonner, on leur donnoit du lard & de la gresse qui donnoit bon goût au pain qu'ils faisoient, & le rendoit plus nourrissant. Ainsi toutes les provisions de bouche de l'armée étoient de la farine, du lard & de la graisse, & pour les chevaux de l'orge. D'ordinaire, ils avoient des troupeaux de gros & de menu bétail qui suivoient l'armée, ce qui n'embarrassoit pas, puisqu'ils se portoient eux-mêmes. Avec de si bons ordres une armée marchoit souvent plusieurs journées dans des déserts, sans souffrir de disette, parce qu'on la nourrissoit de choses aisées à transporter par-tout. Il arrive tout le contraire dans nos armées d'aujourd'hui, qui voulant ne point manquer de vin, ni de pain cuit, comme quand ils sont dans de bonnes villes, & ne pouvant pas en faire toute la provision nécessaire, souvent elles se trouvent affamées ; ou si elles sont pourvues de tout, cela se fait avec une peine & une dépense infinie. Je réduirois donc mon armée à vivre sur le pied des anciens, & les soldats n'auroient point d'autre pain que celui qu'ils se cuiroient eux-mêmes. Pour le vin, je ne défendrois pas d'en boire, ni qu'il en vint au camp ; mais je ne me donnerois, ni soin, ni peine pour l'y attirer, & pour les autres provisions, je suivrois les anciens en tout. Faites bien réflexion sur tout cela, & vous verrez combien, par ces moyens, on évite de difficultés, & de combien

d'ennuis

d'ennuis & d'incommodités un général & une armée se délivrent par cette conduite, & combien elle donne de facilités pour quelque entreprise que ce soit.

BONDELMONTE. Nous avons battu l'ennemi en campagne, & nous sommes entrés dans son pays : la raison veut que nous ayons fait du butin, mis les habitans à contribution, & fait des prisonniers. Je voudrois donc savoir comment les anciens se gouvernoient dans toutes ces affaires-là.

COLONNE. Je vais vous satisfaire. Je crois que vous avez remarqué, selon ce que je pense en avoir dit autrefois à quelques-uns de vous, que les guerres d'aujourd'hui appauvrissent également les vainqueurs & les vaincus ; car si l'un perd son pays, l'autre perd ses finances, & ce qu'il a de plus liquide. C'est un désordre qui n'arrivoit pas du tems des anciens, où le victorieux devenoit toujours riche. Cela vient de ce que l'on ne tourne pas à profit la dépouille des ennemis, comme on faisoit alors ; mais on l'abandonne à la discrétion du soldat. Cette mauvaise conduite produit deux grands maux : le premier est celui que nous venons de remarquer ; & l'autre, que le soldat en devient bien plus ardent au pillage, & bien moins soumis aux ordres de la discipline. Or , nous vous avons fait voir bien des fois comment la passion de piller a fait perdre la victoire à celui qui la tenoit déjà. Les Romains, tant qu'ils furent les maîtres, & comme le modele de cet art de la guerre , voulant prévenir ces deux inconvéniens , ordonnoient que la dépouille des vaincus appartiendroit au public qui la dispenseroit ensuite comme il le trouveroit à propos. C'est pour cela qu'ils avoient dans leurs armées leurs trésoriers , entre les mains desquels on déposoit , & les contributions & les prises ; duquel fond ensuite le consul payoit l'armée , entretenoit les blessés & les malades , & subvenoit aux autres besoins des troupes. Le consul, néanmoins , avoit le pouvoir de donner le butin aux soldats , & souvent il le faisoit ; mais sans que cela produisît de désordre ; parce que , quand les ennemis étoient entiérement défaits , on mettoit toutes leurs dépouilles au milieu de l'armée , dont on faisoit ensuite le partage par tête, selon le rang & la qualité des gens. Cette méthode rendoit les soldats plus soigneux de vaincre que de piller , & les légions Romaines battoient bien l'ennemi , mais elles ne le poursuivoient pas ; car jamais elles ne quittoient leurs rangs : il n'y avoit que la cavalerie & les vélites avec ceux qui n'étoient pas soldats légionnaires, qui courussent après les fuyards, que si le butin eût appartenu à celui qui le faisoit, il n'eût pas été juste, ni possible de tenir les légions dans leurs postes, & cela eut causé de grands inconvéniens. Il arrivoit de-là que le public s'enrichissoit, & que le consul, en triomphant, portoit encore dans le trésor public de grandes richesses, provenues des contributions & des dépouilles de l'ennemi. Les anciens faisoient encore une autre chose bien judicieuse, c'est qu'ils commandoient à chaque soldat de remettre le tiers de sa paye entre les mains de l'enseigne de son bataillon, qui ne le leur rendoit jamais que la guerre ne fût finie. Les Romains faisoient ceci pour deux raisons : l'une, afin que le soldat se fît un fond de sa paye; car étant la plupart jeunes & gens sans souci, il leur fut sans cela arrivé ce qui arrive à ces sortes de gens-là, qui plus ils ont, plus ils dépensent. L'autre motif qui portoit les anciens à en user ainsi, c'étoit afin que le s ldat sachant que son argent étoit auprès du drapeau, fût obligé de le défendre avec plus de soin & d'opiniâtreté; ainsi ces ordres le rendoient ménager & courageux. Tout ce que je vous ai dit est nécessaire, lorsqu'on veut mettre une milice sur le bon pied.

BONDELMONTE. Je crois qu'il est impossible qu'il n'arrive des accidens dangereux à une armée qui marche d'un lieu à un autre ; & là, par conséquent, le savoir faire du général & la valeur du soldat sont fort nécessaires pour s'en tirer. Je souhaiterois donc que vous nous marquassiez les principaux de ces accidens qui pourroient survenir.

COLONNE. Je vous satisferai volontiers, puisque cela est particulierement nécessaire lorsqu'on veut donner une parfaite connoissance de cet art. Un général doit, sur-tout, étant en marche, se donner bien de garde des embuscades. Or, on y tombe en deux manieres ; ou en marchant simplement, elles se trouvent sur votre route ; ou bien l'ennemi vous y attire avec adresse lorsque vous ne les avez pas prévus. Pour remédier au premier cas, il faut envoyer devant vous une double garde à la découverte du pays. Mais sur-tout il faut employer une précaution extrême, lorsque le pays est fort propre pour faire des embuscades, comme sont les pays boisés, ou montueux ; car c'est toujours, ou dans un bois, ou derriere une hauteur qu'on les place. Or, comme une embuscade imprévue est très-dangereuse, aussi n'apporte-t-elle aucun préjudice lorsqu'elle est éventée. Les oiseaux & la pous-

siere ont souvent fait découvrir l'ennemi, lorsqu'il vient à vous. Il est arrivé aussi fort souvent
qu'un général voyant lever des pigeons ou d'autres oiseaux qui vont par compagnie, des endroits
par où il devoit marcher, & ensuite les voyant
tournoyer en l'air, sans se remettre, il a jugé
qu'il y avoit-là une embuscade; ainsi ayant envoyé devant, il s'est tiré d'affaire, en endom-
mageant son ennemi. Pour le second cas qui est
d'être attiré dans l'embuscade, il faut être de
difficile créance pour les choses qui n'ont pas
beaucoup de vrai-semblance; comme si l'ennemi
vous expose quelque butin à faire, croyez que
l'hameçon est caché sous cet appas. De plus,
si un petit nombre des vôtres fait fuir une grosse
troupe d'ennemis; ou si un petit nombre des
leurs en vient attaquer un grand des vôtres; si
l'ennemi, sans aucune raison, prend tout d'un
coup la fuite; en tel cas, défiez-vous toujours
de la ruse, & ne vous mettez jamais dans l'esprit
que l'ennemi ne sait pas ce qu'il fait : au contraire, pour vous abuser moins vous-mêmes,
& courir moins de risque, plus vous voyez
votre ennemi vous paroître foible & négligent,
plus vous le devez croire sur ses gardes & en
bon état. Dans ces conjonctures, vous avez deux
choses à faire : l'une d'en faire cas dans votre

G 3

esprit, & en vous précautionnant bien par de bons ordres ; mais dans l'extérieur, & par vos discours, faites feinte de le mépriser ; car cette derniere maxime encourage vos soldats, & la premiere vous rend plus prévoyant & moins propre à être trompé. Sur-tout pensez bien qu'en marchant en pays ennemi vous courrez de plus grands risques & en plus grand nombre que dans une bataille. C'est pour cela que le général, dans ces marches, doit redoubler ses soins & sa diligence ; & la premiere chose qu'il doit faire, c'est d'avoir une carte exacte de tout le pays par où il doit passer, ensorte qu'il sache au vrai les lieux, le nombre, les distances, les routes, les montagnes, les rivieres, les marais, & toutes les qualités de ces endroits-là. Mais pour parvenir à ce but, il faut avoir diverses personnes qui aient connoissance du terrein, & les examiner diversement & séparément avec grand soin, & confronter leurs discours qui se rencontrant conformes, vous suffiront pour faire vos remarques. Il faut envoyer devant de la cavalerie avec des chefs prudens, non pas tant pour reconnoître l'ennemi, que pour faire la découverte du pays, afin de voir si le rapport qu'on vous en fera est conforme avec la carte & la connoissance que vous en avez déjà. Il vous faut encore envoyer les guides que vous avez en vous as urant bien d'eux, en leur donnant espérance d'être récompensés, ou en les menaçant de châtiment. Mais sur-tout que les troupes ne sachent point à quelle expédition on les mene; car rien n'est si nécessaire à l'armée, que de cacher les desseins qu'on a. Et afin que quelque attaque imprévue n'étonne jamais vos gens, avertissez-les d'être toujours bien sur leurs gardes; car une chose à quoi l'on s'attend porte moins de préjudice. Plusieurs, pour éviter les désordres de la route, ont posté auprès des étendarts le bagage & les gens inutiles, & leur ont commandé de les suivre toujours, afin que dans la route, lorsqu'on est obligé de faire halte, ou de faire retraite, on le puisse faire avec plus de facilité. J'approuve assez cette conduite comme étant assez utile. Il faut encore observer que dans la marche une partie de l'armée ne se détache pas de l'autre, ou que l'un marchant vîte & l'autre doucement, les corps ne deviennent trop foibles, ce qui peut causer du désordre. C'est pour cela qu'il faut poster les officiers en flanc des soldats, pour tenir la marche uniforme, en hâtant les uns & retardant les autres. Cette justesse se peut aisément former au son du tambour. Il faut

G 4

faire élargir les chemins, ensorte qu'un bataillon, au moins, puisse marcher en ordre de bataille. Il faut aussi examiner les manieres & les qualités de l'ennemi; s'il a dessein de vous attaquer le matin, à midi, ou le soir; si c'est en cavalerie ou en infanterie, s'il est le plus fort: & selon l'état des choses, vous vous réglerez, & vous prendrez vos précautions. Mais venons à quelque accident particulier. Il arrive quelquefois qu'on décampe devant l'ennemi, parce qu'on se trouve trop foible pour en venir aux mains avec lui, qui vous poursuivant en queue, vous rencontrez sur votre route une riviere, où vous perdez du tems à la passer, ensorte que l'ennemi est sur le point de vous joindre & de vous livrer bataille. Quelques-uns, en pareille rencontre, ont fait une trenchée du côté qui devoit être attaqué, & l'ayant remplie d'étoupes, y ont mis le feu; après quoi ils sont passés avec leur armée, sans qu'on les en pût empêcher, parce qu'on étoit arrêté par le feu qui se trouvoit entre deux.

BONDELMONTE. J'ai assez de peine à croire que ce feu pût retenir l'ennemi, sur-tout parce que je me souviens que Hannon, chef des Carthaginois étant assiégé, fit un retranchement de bois du côté dont il vouloit faire sortie, & y mît le feu ; ce qui empêchant que l'ennemi ne fût en garde de ce côté-là , ce général fit passer son armée par-dessus le feu, en commandant à chaque soldat de mettre son bouclier devant le visage , afin de se garantir du feu & de la fumée.

COLONNE. Ce que vous dites est vrai ; mais prenez bien garde à ce que j'ai dit , & à ce que fit Hannon ; car j'ai dit qu'on fit une trenchée qui fut remplie d'étoupes : ainsi quiconque eut voulu passer avoit la trenchée & le feu à surmonter. Mais pour Hannon , il fit du feu sans trenchée , & même ayant dessein de passer par dessus , il ne dût pas le faire gros ; car il n'auroit pas laissé de l'empêcher encore sans cette précaution. Ne savez-vous pas que Nabis étant assiégé dans Lacédémone par les Romains , mit le feu à une partie de sa place pour empêcher le passage à ses ennemis qui étoient déjà entrés dedans ? Et moyennant ce feu , il les empêcha d'aller plus avant , & même il les repoussa. Mais revenons à notre sujet. Quintus Lutatius , Romain , ayant les Cimbres à dos , & étant arrivé auprès d'une riviere ; pour que l'ennemi lui donnât le tems de passer , il lui fit croire qu'il lui donneroit assez de tems pour lui livrer bataille , en feignant de vouloir camper-là. Pour cet effet,

il fit faire des retranchemens & dresser des tentes ;
de plus, il envoya quelque cavalerie au fourage :
enfin il fit si bien que les Cimbres crurent qu'il
campoit-là, ce qui les y fit camper aussi; & ils
se partagerent en deux pour aller chercher des
vivres, dont Lutatius s'étant apperçu, il passa
la riviere sans qu'ils pussent l'en empêcher.
Quelques-uns voulant passer une riviere sans
avoir de ponts, en ont détourné une partie &
rendu par-là l'autre guéable. Quand les rivieres
sont rapides, afin de faire passer plus sûrement
l'infanterie, il faut mettre les plus gros chevaux
au-dessus, pour soutenir l'impétuosité de l'eau,
& l'on met les autres au-dessous pour secourir
les fantassins qui succomberoient à la violence
du courant. On passe encore les rivieres non-
guéables avec des barques, des pontons, des
outres, &c. : ainsi il est bon d'être pourvu dans
une armée des moyens de faire tout cela. Il arrive
quelquefois qu'au passage d'une riviere vous avez
l'ennemi de l'autre côté pour vous l'empêcher.
Si vous voulez vaincre cet obstacle, je ne con-
nois point de meilleur exemple à suivre que celui
de César, qui dans les Gaules, ayant son armée
le long d'une riviere, dont le passage lui étoit
disputé par Vercingentorix, qui étoit de l'autre
côté, César, dis-je, marcha le long de cette

riviere plusieurs journées, ce que l'ennemi faisoit aussi ; mais César ayant campé dans une forêt, propre à ôter la vue de ses gens aux Gaulois, il tira trois cohortes de chaque légion, & les fit arrêter dans ce camp-là, leur commandant, « que » si-tôt qu'il seroit parti, ils jettassent un pont » sur cette riviere, & qu'ils le fortifiassent » ; & pour lui il suivit sa route avec le reste de l'armée. Ainsi Vercingentorix voyant toujours la même quantité de légions ne s'imagina pas qu'il fût demeuré des gens dans la forêt, ce qui lui fit aussi suivre la route. Mais lorsque César crut que le pont étoit fait & fortifié, il fit volte face, & retournant au même endroit, il trouva toutes choses en ordre & passa sans obstacle.

BONDELMONTE. Avez - vous quelque regle pour connoître les gués ?

COLONNE. Oui, nous en avons. Une riviere qui vous fait paroître comme une ligne entre le fil de l'eau & l'endroit le moins rapide, est pour l'ordinaire moins profonde en ce lieu-là, & par conséquent, plus guéable qu'ailleurs, parce qu'elle a roulé davantage de gravier, & en a plus retenu en cet endroit-là qu'ailleurs. Ceci ayant été expérimenté bien des fois, passe pour une chose fort assurée.

BONDELMONTE. Si par hasard le gué est enfoncé, quel remede y apportez-vous ?

COLONNE. Il faut faire une espece de grandes grilles de bois, les faire descendre à fond, & passer par-dessus. Mais continuons notre discours. S'il arrive qu'un général conduise son armée entre deux montagnes, & qu'il n'ait que deux chemins pour se tirer d'affaire, qui est celui de devant & celui de derriere, & que tous deux soient occupés par les ennemis, ce général n'a point d'autre remede que celui que quelqu'un mit en usage autrefois, qui faisant faire derriere lui une grande trenchée difficile à passer, pour persuader à l'ennemi qu'on vouloit l'arréter par-là, afin de faire contre lui tout l'effort du côté de la téte, où le chemin étoit couvert, sans avoir rien à craindre en queue ; ce que l'ennemi croyant en effet, il fit passer toutes ses forces pour faire ses attaques du côté découvert, abandonnant celui qu'il voyoit si bien retrenché ; mais l'autre s'en étant apperçu, jetta vîte sur son fossé un pont de bois préparé pour cela, sur lequel passant en toute diligence, & mettant ce grand retranchement entre lui & son ennemi, sans lui laisser le pont, il s'en délivra aisément par ce stratagême. Lucius Minutius, consul Romain, étant avec son armée renfermé par les ennemis entre certaines montagnes, dont il ne pouvoit se tirer, s'avisa d'envoyer quelque cavalerie de Numidie, qu'il avoit dans ses troupes, & qui étoit mal armée & mal montée, vers les postes gardés par les ennemis. Cette cavalerie leur fit prendre d'abord le parti de lui disputer le passage ; mais voyant ces gens - là en mauvais équipage , & selon eux, mal montés, ils n'en firent pas grand état, & se relacherent sur les gardes; ce que les Numides ayant remarqué, ils donnerent des deux & passerent sans qu'on pût les en empêcher : ensuite ravageant & pillant le pays , ils obligerent l'ennemi à laisser le passage libre à Lutius & à son armée. Quelques généraux se trouvant attaqués par une grande quantité d'ennemis , ont ramassé tout leur monde en un pelotton , & ont donné moyen à l'ennemi de les environner de tous côtés, puis épiant l'endroit le plus foible , ils l'ont forcé , & par cet endroit-là ils se sont sauvés. Marc-Antoine faisant retraite devant l'armée des Parthes , s'apperçut que les ennemis l'attaquoient toujours à la pointe du jour , lorsqu'il décampoit , & tout le long du jour ils le harceloient; desorte qu'il prit la résolution de ne décamper plus qu'à midi : ainsi les Parthes croyant qu'il vouloit séjourner, retournerent à leur camp , ce qui laissa à Marc-

Antoine le tems de marcher tout ce jour-là sans être incommodé. Le même Marc-Antoine, pour rendre inutiles toutes les flêches des Parthes, commanda à ses gens de se mettre à genoux lorsqu'ils verroient l'ennemi près d'eux ; & que le second rang, dans chaque cohorte, mit ses boucliers sur la tête des soldats du premier ; que le troisieme rang en fit autant à ceux du second ; le quatrieme avoit ordre d'en faire de même à ceux du trosieme , & ainsi de suite ; ensorte que toute l'armée étoit comme sous un toît à couvert de cette nuée de flêches que tiroient les Parthes. Voilà tout ce que je peux vous dire pour l'heure touchant ce qui peut survenir à une armée qui est en marche ; & pour vous , si vous n'avez pas autre chose à me demander , je passerai à une autre partie de cette matiere.

Fin du cinqieme Livre.

DE L'ART

DE LA

GUERRE.

LIVRE SIXIEME.

Bondelmonte. Je crois qu'il est à propos,
puis qu'on va changer de discours, que monsieur
Della Palla entre en charge, & que moi j'en sorte ;
& en ceci nous imiterons les grands capitaines,
comme je le viens d'apprendre du seigneur Colonne, qui postent leurs meilleurs soldats à la
tête & à la queue de leur armée, parce qu'ils
trouvent à propos d'avoir des gens qui sachent

attaquer vigoureusement, & d'autres qui sachent soutenir avec fermeté. Ainsi, c'est fort prudemment que monsieur Rucellai a commencé d'entrer en lice, & ce sera aussi une grande prudence de la faire fermer par monsieur Della Palla ; monsieur Allamanni & moi avons tenu le milieu. Et comme chacun de nous s'est chargé volontiers de sa partie, je crois que monsieur Della Palla voudra bien aussi tenir la sienne.

DELLA PALLA. Je me suis laissé gouverner jusqu'à présent ; j'en userai de même pour l'avenir. Ainsi, Monsieur, ayez s'il vous plaît, la bonté de continuer vos instructions, & nous pardonnez, si nous vous interrompons, selon l'usage déjà établi.

COLONNE. Je vous ai déjà dit, que vous me faites grand plaisir, parce que ces interruptions-là ne confondent point mes idées ; au contraire, elles les réveillent. Mais pour poursuivre notre sujet, je dis, *qu'il est tems que nous logions nos troupes ;* car, vous savez que toutes choses demandent le repos, & un repos assuré, puisque se reposer, sans être en sureré, ce n'est pas se reposer parfaitement. Je me figure que vous auriez trouvé à propos que je vous eusse fait premierement camper, puis vous mettre en marche & enfin combattre ; mais nous avons fait

tout

tout le contraire. C'est à quoi nous a contraint la nécessité, parce que voulant faire voir comment une armée doit se gouverner, quand étant en marche, elle est obligée d'en venir aux mains, il a bien fallu auparavant montrer comment on faisoit pour se ranger en bataille. Mais pour revenir à notre sujet, je dis, *que pour faire qu'un camp soit assuré*, il faut qu'il soit fort, & bien ordonné : & pour le bien ordonner, cela dépend du savoir faire du général. Pour la force, elle dépend de la situation & de l'art. Les Grecs cherchoient toujours des camps forts de situation, & jamais ils n'auroient campé en lieu où il n'y auroit eu, ni cavernes, ni bords de riviere, ni bois, ni autre moyen naturel de se couvrir. Les Romains ne campoient jamais en pays, où ils n'eussent pu donner toute l'étendue nécessaire à leurs troupes, selon les regles de leur discipline militaire. C'est pour cela qu'ils pouvoient toujours garder une même maniere de camper ; car, ils ne vouloient pas s'assujettir au terrein, mais ils vouloient que le terrein s'assujettît à eux : ce que les Grecs ne pouvoient pas faire, parce que s'assujettissant aux situations, qui varient beaucoup, selon la forme & selon l'étendue, il falloit aussi qu'ils variassent, & leurs manieres de camper, & leurs campemens mêmes.

Tome VII.   H

Les Romains donc se trouvant dans des situations peu fortes, ils y suppléoient par l'art & par l'adresse. Or, parce que dans tous ces discours-ici j'ai voulu qu'on imitât les Romains, je ne m'en départirai pas encore dans la maniere de camper, sans pourtant les suivre en tout, mais seulement dans les choses qu'on peut accommoder à nos tems. Je vous ai dit bien des fois, que les Romains avoient dans leurs armées consulaires deux légions de soldats de leur nation, qui faisoient en tout environ onze mille fantassins & six cens chevaux; de plus, ils avoient encore environs onze mille autre fantassins de troupes auxiliaires, & jamais ils n'avoient dans leurs armées plus de soldats étrangers que de Romains; si ce n'est de la cavalerie, dont ils ne se soucioient pas que le nombre surpassât celui de la leur. Outre cela, je vous ai dit, qu'ils faisoient le corps de bataille de leurs légions, mettant les troupes auxiliaires sur les aîles de l'armée. Ils conservoient aussi cette méthode dans les campemens, comme vous l'aurez pu remarquer chez les auteurs qui en parlent. Je n'entrerai donc point dans le détail de leurs campemens, n'ayant dessein que de vous entretenir de quelle maniere je ferois à présent camper une armée, & alors vous verrez bien tout ce que j'aurai tiré des

Romains. Vous savez bien, qu'au lieu de deux légions Romaines, j'ai pris deux régimens, de chacun six mille fantassins, & trois cens chevaux de combat. Vous savez, outre cela, en combien de bataillons je les ai partagés, quels noms & quelles armes je leur ai donné. Vous savez enfin, qu'en rangeant l'armée pour la marche & pour le combat, je n'ai point parlé d'autres troupes, mais seulement j'ai fait voir, que, si on avoit le double de monde, il n'y avoit qu'à doubler les rangs.

Mais, à présent qu'il s'agit de vous faire voir comment il faut camper, il me semble que ce n'est pas assez de n'avoir que deux régimens ; c'est pourquoi il faut mettre assez de gens pour faire une juste armée sur le modèle de celles des Romains, que nous composerons, par conséquent, de deux régimens, & d'autant de troupes auxiliaires. Ce que j'ai fait-là, c'est pour rendre la forme du campement plus parfaite, ne m'ayant pas paru nécessaire d'avoir tant de troupes pour vous démontrer tout ce que je vous ai fait voir jusqu'ici. Voulant donc faire camper une armée de vingt-quatre mille fantassins & de deux mille chevaux de service, qui seroient tous partagés en quatre régimens, dont deux seroient de mes sujets & deux d'étrangers, voici la méthode que j'observerois. Ayant trouvé une situation où je voudrois camper, j'arborerois la banniere générale, & tout à l'entour je marquerois un terrein en quarré, qui, de toutes faces, seroit éloigné de dix-sept toises de cette banniere, & je placerois chaque face selon les quatre parties du ciel, comme du levant, du couchant, du midi, & du nord; & je voudrois que ce quarré fût le quartier du général. Or, parce que je crois qu'il y a de la prudence, & que d'ailleurs, c'étoit l'usage des Romains, je logerois séparément les gens armés & ceux qui ne le seroient pas. Je séparerois aussi les malades, & ceux qui seroient incommodés, d'avec les autres. Je logerois tous les gens armés, ou du moins, la plus grande partie, vers le levant. Je placerois les gens qui ne portent point d'armes, & les malades, du côté du couchant, faisant du levant la tête, & du couchant la queue du camp, & du midi & du nord les flancs. Et afin de distinguer les logemens des gens armés, voilà ce que j'observerois. Je tirerois une ligne, depuis la banniere générale, que je conduirois vers le levant, de l'espace de six cens quatre-vingt pas. Ensuite, j'en tirerois deux autres aux deux côtés de celle-là, & aussi longues qu'elle; mais qui en seroient éloignées chacune de cinq toises, &

je voudrois qu'à l'extrémité de cette premiere
fut posée la porte du levant, & le terrein, qui
seroit d'une des deux dernieres lignes à l'autre,
seroit le chemin qui meneroit au quartier du
général. Ce chemin auroit, par conséquent, dix
toises de large, & six cens trente pas de long,
parce que le quartier du général en emporteroit
cinquante de six cens quatre-vingt, que nous
avons marqués ci-dessus; & je voudrois qu'on
nommât ce chemin la rue générale. Je voudrois
ensuite qu'on titât un autre chemin de la porte
du midi à celle du nord, & qu'il passât tout
joignant le quartier du général à la rue générale,
du côté du levant. Cette rue ici auroit de longueur mille deux cens cinquante pas, parce
qu'elle occuperoit toute la largeur du quartier
du général, & on l'appelleroit la rue de la croix,
ayant aussi trente pas de largeur. Après avoir
désigné le quartier du général & ces deux rues,
je commencerois à désigner les logemens des
deux régimens de nos propres troupes, & j'en
logerois un dans un des côtés de la rue générale, & l'autre de l'autre côté. Ainsi au-delà
de la largeur qu'occupe la rue de la croix, je ferois
trente-deux logemens, à main droite de la rue
générale, & trente-deux à la gauche, laissant
un terrein de trente brasses entre le seizieme

dix-septieme logement, & ce terrein serviroit de rue de traverse, pour traverser sur tous les logemens des régimens, comme on le verra dans le dessein qu'on en donne (*Figure VIII.*)

Dans ces deux rangs de logemens je logerois d'abord les commandans des gendarmes à la tête, qui tomberoit précisément sur la rue de la croix ; & dans les quinze logemens, qui resteroient des deux côtés ; je logerois leurs gendarmes : de sorte que chaque régiment ayant cent cinquante gendarmes, il y en auroit dix pour chaque logement. Je voudrois que les logemens des officiers eussent de largeur quarante pas, & dix de longueur : mais souvenez-vous, que par le terme de largeur j'entends l'espace qui va du midi au nord ; & par celui de longueur, j'entens l'espace qui va du couchant au levant. Je donnerois aux logemens des gendarmes cinq toises de longueur, & dix de largeur. Dans les quinze autres logemens, qui suivent des deux côtés de la rue générale, & qui commencent depuis la rue de traverse, dont le terrein a la même étendue que celui des gendarmes, j'y logerois les chevaux légers, qui étant au nombre de cent-cinquante, il y en auroit dix pour chaque logement ; & dans le seizieme qui resteroit, j'y logerois leur commandant, en le mettant autant au large que le commandant des gendarmes. Ainsi, les logemens de la cavalerie des deux régimens auroient au milieu d'eux la rue générale, & serviroient de regle pour loger l'infanterie; selon que je vais vous le montrer.

Vous avez remarqué comment j'ai logé les trois cens chevaux de chaque régiment, avec leurs commandans, en trente-deux logemens, situés sur la rue générale, en commençant à celle de la croix; & comment j'ai laissé entre le seizieme & dix-septieme logement un terrein de trente brasses, pour faire une rue de traverse. Si donc je voulois loger les vingt bataillons, dont sont composés les deux régimens ordinaires, je mettrois les logemens de chaque couple de bataillons derriere ceux des cavaliers; & ainsi chaque logement auroit cinq toises de long & dix de large, comme ceux des cavaliers, ils aboutiroient les uns sur les autres par derriere. Dans les premiers logemens, à commencer sur la rue de la croix, je logerois le commandant de chaque bataillon, qui seroit par conséquent, sur la même ligne que celui du commandant des gendarmes, & je ne donnerois à ce logement que vingt pas de largeur & dix de longeur. Dans les quinze autres logemens, qui suivroient de chaque côté jusqu'à la rue de traverse, je

H 4

logerois de part & d'autre un bataillon, qui étant composé de quatre cens cinquante fantassins, il y en auroit trente à chaque logement. Je ferois les autres quinze logemens de chaque côté contigus à ceux des chevaux légers ; dans les mêmes proportions pour le terrein ; & de chaque côté j'y logerois encore un bataillon. Et dans ce dernier logement je mettrois de part & d'autre les commandans de chaque bataillon, qui seroient joignans par derriere à ceux des chevaux légers , & je leur donnerois un terrein de dix pas de long, & de vingt de large. Ainsi , ces deux premiers rangs de logemens seroient partagés entre la cavalerie & l'infanterie. Mais, parce que je vous ai dit que je voulois que tous ces cavaliers - là fussent propres au service ; & par conséquent, n'ayant point de valets pour les servir & pour pancer leurs chevaux, j'ordonnerois que tous les fantassins, qui logeroient derriere eux , fussent obligés de les aider & de les servir comme leurs maîtres , & que , pour cette peine , ils fussent exempts de toutes factions & de tout service dans le camp. Voilà comment les Romains en usoient. Ensuite en laissant , après ces logemens , de part & d'autre , un terrein de dix toises, pour faire de chaque côté une rue, qu'on appelleroit la premiere rue à droite , &

la premiere rue à gauche, je ferois encore sur
chacune un rang de trente-deux logemens doubles, qui seroient contigus par derriere, avec
tous les mêmes espaces que ceux que j'ai déjà
marqués, & partagés aussi par les seiziemes,
pour faire la rue de traverse : & dans ces deux
nouveaux rangs je logerois de chaque côté quatre
bataillons, avec leurs commandans dans les premiers & les derniers logemens. Ensuite laissant
encore de part & d'autre un terrein de dix toises,
pour faire de chaque côté une nouvelle rue,
qu'on appelleroit la seconde rue à droite, & la
seconde rue à gauche, je mettrois encore sur
chacune trente-deux logemens doubles avec les
mêmes proportions & divisions, que les autres,
où je logerois encore de chaque côté quatre
bataillons avec leurs commandans. Ainsi, la
cavalerie & l'infanterie des deux régimens ordinaires se trouvent logés en trois rangs de logemens
de chaque côté de la rue générale. Pour les deux
régimens des troupes auxiliaires, parce que je
les suppose composés des mêmes sortes de
milice que les deux ordinaires, je les logerois
à leurs côtés de part & d'autre avec des logemens doubles, mettant premierement de chaque
côté un rang de logemens partagés entre la
cavalerie & l'infanterie, éloignés des autres

de dix toises, afin de faire deux rues, dont l'une s'appelleroit la troisieme à droite ; & l'autre la troisieme à gauche. Et enfin, je ferois encore deux rangs de logemens de chaque côté, placés & partagés de même que ceux des régimens ordinaires ; ce qui feroit encore deux rues de part & d'autre, qui seroient toutes nommées de leur nombre & de la main de leur situation.

Voilà donc votre armée toute entiere campée dans douze rangs de logemens doubles, & en treize rues, en comptant la rue générale & celle de la croix. Après cela, je voudrois que, depuis les logemens jusqu'au retranchement, il restât un terrein d'environ cent pas. Or, si vous comptez bien tous ces espaces, vous trouverez que, depuis le quartier du général jusqu'à la porte du levant, il y a six cens quatre-vingt pas. Il reste encore deux espaces, dont l'un est depuis le quartier du général jusqu'à la porte du midi; & l'autre, depuis le même quartier jusqu'à la porte du nord, & chacun a de longueur six cens trente-cinq pas, si vous les mesurez dès le point du milieu. Otez, après cela, de chacun de ces espaces cinquante pas pour le quartier du général; plus quarante-cinq autres pas de chaque côté, pour en faire une place; & trente pas pour la rue; & enfin, cent pas qu'il faut laisser entre les logemens & le retranchement, il ne restera donc plus de part & d'autre qu'un terrein de quatre cens pas de large, & long de cent, en mesurant la longueur avec tout le terrein qu'occupe le quartier du général. En partageant donc ainsi par le milieu toutes ces longueurs, il y auroit quarante logemens de chaque main du général, qui auroient de longueur cinquante pas & vingt de largeur, ce qui seroit en tout quatre-vingt logemens, où l'on mettroit les colonels ou commandans des régimens, les trésoriers, les mestres-de-camp, en un mot, tous ceux qui auroient des charges dans l'armée. On laisseroit cependant quelques-uns de ces logemens sans être occupés, pour recevoir les étrangers qui pourroient survenir, & pour les volontaires à l'armée, afin de faire leur cour au général. Derriere son quartier je tirerois une rue du midi au nord, large de trente pas, & on l'appelleroit la rue de la tête. Elle seroit tirée le long des quatre-vingt logemens; car, cette rue & celle de la croix auroient, dans l'espace qui seroit entre elles, le quartier du général & les quatre-vingt logemens qui sont à ses côtés. De cette rue de la tête, & vis-à-vis le logis du général, je tirerois une rue, qui iroit depuis cette premiere jusqu'à la porte du couchant, ayant aussi de

largeur trente pas. Elle répondroit donc, &
pour la situation, & pour la longueur, à la
rue générale : on l'appelleroit la rue de la place.
Ces deux rues-là étant faites, je désignerois la
place pour faire le marché, que je mettrois au
commencement de cette rue de la place, vis-à-vis
le logis du général ; & je voudrois que ce marché
joignît la rue de la tête, ayant en quarré cent
vingt-un pas. Aux côtés de cette place je tirerois
deux rangs de longemens doubles, qui auroient
de longueur quatre toises, & de largeur dix.
Ainsi, de chaque côté de cette place il y auroit
seize logemens, qui feroient en tout trente-deux,
au milieu desquels elle se trouveroit. Or, ces
logemens me serviroient à mettre la cavalerie
surnuméraire des troupes auxiliaires : & si cela
ne suffisoit pas, je leur donnerois quelques-uns
des logemens qui sont aux deux côtés du quartier
général, particulierement de ceux qui seroient
les plus proches des lignes de circonvallation.
Nous avons encore à loger les piquiers & les
vélites extraordinaires, appartenants à chaque
régiment ; car vous savez bien, que, suivant
l'ordre que nous avons établi, ces régimens-là,
outre leurs dix bataillons, ont encore chacun
mille piquiers extraordinaires & cinq cens vélites
aussi extraordinaires. Ainsi les deux régimens

de nos propres troupes ont deux mille piquiers
& mille vélites extraordinaires ; & les régimens
des troupes auxiliaires en ayant autant, cela fait
encore six mille fantassins à loger, que je voudrois tous mettre du côté du couchant & le long
des retranchemens. Je ferois donc, au bout de
la rue de la tête vers le nord, cinq logemens
doubles, sans toucher au terrein de cent pas,
que je laisse entre les logemens & les retranchemens, & je donnerois à ces cinq logemens en
tout vingt-cinq toises de longueur sur vingt de
largeur ; ainsi en partageant toute cette longueur
en cinq, chacun de ces logemens en auroit cinq
toises & dix de largeur. Faisant donc en tout
dix logemens, ce seroit pour mettre trois cens
fantassins, à trente par chaque logement ; puis,
en laissant un terrein de trente pas, je ferois de
la même maniere cinq autres logemens doubles ;
ensuite, encore une autre rang, jusqu'à ce qu'il
y en eût cinq en tout, de cinq logemens doubles
chacun, qui feroient tous ensemble cinquante
logemens, tirés en ligne droite du côté du nord,
& éloignés de cent pas des retranchemens ; &
dans ces cinquante logemens j'aurois de quoi
placer quinze cens fantassins. En tournant après
cela sur la gauche vers la porte du couchant,
je ferois encore dans toute cette étendue, qui

va depuis ces premiers logemens jusqu'à ladite porte, cinq autres rangs, de cinq logemens doubles chacun, en observant la même méthode & les mêmes proportions. Il est vrai, que d'un rang à l'autre il n'y auroit que cinq toises de distance ; & dans ces rangs-là je logerois encore quinze cens fantassins : ainsi de la porte du nord jusqu'à celle du couchant, en suivant le tour des retranchemens, je logerois tous les piquiers & tous les vélites extraordinaires des régimens de nos propres troupes, en cent logemens, partagés en dix rangs, de cinq logemens double chacun. Et pour les vélites & les piquiers extraordinaires des régimens auxiliaires, je les logerois de même en dix rangs, de cinq logemens doubles chacun, en les commençant suivant le contour des retranchemens, depuis la porte du couchant jusqu'à celle du midi. Les commandans de tous ces gens-là pourroient prendre leurs logemens entre ceux qui leur paroîtroient les plus commodes vers le côté des retranchemens. Je posterois l'artillerie sur les levées des retranchemens, par-tout où elle paroîtroit nécessaire, & je logerois les gens, qui ne portent point les armes, avec le bagage & tout l'embarras de l'armée, dans le terrein qui me resteroit du côté du couchant. Or, vous savez bien que les anciens appelloient équipage

& embarras d'armée, tout le train & toutes les choses qui y sont nécessaires, outre les soldats ; comme sont les charpentiers, les forgerons, les maréchaux, les tailleurs de pierre, les ingénieurs, les canoniers, quoique ces derniers pussent passer pour de véritables guerriers. Il faut encore comprendre dans ce nombre des pâtres avec leurs troupeaux de moutons & de bœufs, qui sont nécessaires pour fournir des vivres à l'armée ; des artisans de tout métier, avec les charrois publics, qui portent les munitions de guerre & de bouche. Au reste, je ne ferois point de compartimens réguliers dans tous ces logemens·là, je tirerois seulement les rues, & leur défendrois de les occuper ; & après cela, je leur donnerois tout ce qui seroit entre les rues, ce qui formeroit quatre grands espaces, dont l'un seroit pour les troupeaux & leurs conducteurs ; l'autre pour tous les gens de métier ; le troisieme pour les charrois publics des munitions de bouche ; & le dernier, pour ceux des munitions de guerre. Les rues que je voudrois qu'on laissât libres, sont la rue de la place, ou du marché, la rue de la tête ; de plus, une troisieme qu'on appelleroit la rue du milieu, laquelle, du côté du couchant, feroit le même effet que la rue de traverse du côté du levant ; & enfin, outre ces trois-là j'en ferois une autre, qui tourneroit par derriere, le long des logemens des piquiers & des vélites extraordinaires. Toutes ces rues auroient trente pas de l'argeur, & je planterois tout mon canon le long des retranchemens, à la queue du camp.

DELLA PALLA. J'avoue que je suis ignorant sur cette matiere, & je ne m'en fais pas un des-honneur, puisque ce n'est pas ma profession. Cependant, toute cette disposition me paroît belle. Je vous prie seulement de me résoudre ces difficultés. La premiere, pourquoi vous faites les rues & les espaces d'alentour si larges. L'autre qui m'embarrasse le plus, est de savoir comment on doit se servir de ces terreins mêmes, que vous avez marqués pour les logemens.

COLONNE. Sachez que je fais toutes les rues larges de dix toises ou trente pas, afin qu'un ba-taillon tout entier y puisse marcher en ordonnance car, si vous vous en souvenez, j'ai dit, que, quand ils marchent ainsi, ils occupent un terrein de vingt-cinq à trente pas. Il faut aussi que le terrein, qui est entre les logemens & les retran-chemens, ait cent pas de large, afin que l'on y puisse donner tous les mouvemens nécessaires aux troupes & à l'artillerie, y voiturer les cap-tures, & avoir assez d'étendue pour faire de

nouveaux

nouveaux retranchemens en cas de besoin.
C'est encore une chose utile d'éloigner les logemens des retranchemens ; car, ils sont par-là
plus éloignés des coups & du feu de l'ennemi.
Pour votre seconde question, je n'ai pas eu intention que tous les terreins, que j'ai marqués
pour faire des logemens, ne continssent chacun
qu'une tente ; mais ceux qui y logeront, doivent
s'y arranger le plus commodément que bon leur
semblera, avec plus ou moins de tentes qu'ils le
jugeront à propos, pourvu qu'ils ne passent point
les bornes qu'on leur a prescrites. Or, pour bien
disposer tous ces quartiers-là avec leurs rues, &
la figure qu'ils doivent avoir, il faut qu'on ait
des gens qui entendent les proportions & l'ar-
chitecture, & qui y soient bien habitués, afin
que, si-tôt que le général aura choisi le lieu
où il veut camper, ces gens-là le disposent &
le partagent promptement avec le cordeau
& avec la pique. Même pour éviter la confusion, il est à propos d'orienter toujours
le camp, afin que chacun sache aussi-tôt de quel
côté, & en quelle rue il doit être logé. Et
sur tout, il faut pratiquer cette méthode en tout
tems & en tout lieu, afin que le camp soit
comme une ville ambulante, qui porte par-tout
ses mêmes rues, ses mêmes maisons, & la même

Tome VII.   I

situation. C'est-là ce que ne peuvent pas faire ceux qui ne veulent camper qu'en des situations fortes naturellement, parce que selon le terrein, il faut qu'ils varient la forme de leurs camps. Pour les Romains, ils rendoient leurs camps forts par des retranchemens & des remparts ; car autour de leurs logemens, ils laissoient un terrein, qu'ils couvroient d'un fossé, large pour l'ordinaire de six pas, & profond de trois; & selon qu'ils vouloient faire séjour dans le camp, ou qu'ils appréhendoient davantage l'ennemi, ils donnoient plus de largeur & plus de profondeur à ce fossé. Pour moi, à moins que je ne voulusse hiverner dans un endroit, je ne fraizerois point mes retranchemens dans ce tems-ci ; je me contenterois du fossé, & de la levée aussi grande que celle des Romains, & même plus, selon la nécessité. Pour ce qui regarde l'artillerie, je ferois aux angles du camp un rempart, en figure de demi cercle, qui flanqueroit mes retranchemens. Il sera bon aussi de former les soldats à bien faire un campement ; & avec cela, rendre ceux qui ont la conduite de faire les allignemens, & le dessein de l'ouvrage, prompts & diligens à s'en bien acquitter, aussi bien que les soldats mêmes prompts à reconnoître les endroits destinés pour eux. Or, il n'y a rien de difficile en tout cela, comme je le dirai tantôt. Pour l'heure, je veux parler de la garde du camp, parce que, si on ne dispose bien toutes les gardes, les autres soins qu'on prendroit seroient inutiles.

DELLA PALLA. Avant que vous parliez de la garde, je serois bien aise que vous me dissiez ce qu'il faudroit observer, si vous vouliez camper près de l'ennemi; car, j'ai peine à croire qu'on ait le tems de disposer toutes choses sans courir aucun risque.

COLONNE. Il faut que vous sachiez une chose. Que jamais un général ne va camper auprès de l'ennemi, si - non lorsqu'il est en état de lui livrer bataille toutes les fois qu'il voudra l'accepter; & lorsque ce général se trouve en cet état, il court fort peu de risque, parce que les deux armées se disposent au combat, & l'une d'elles forme son camp. Dans ce cas, les Romains donnoient la commission aux triaires de faire les retranchemens du camp, pendant que les princes & les gens de javelot demeuroient sous les armes. Ils en usoient ainsi, parce que les triaires étant les derniers à combattre, ils avoient le tems, si les ennemis venoient, de quitter l'ouvrage, de prendre les armes et d'entrer dans leurs rangs. Or, si vous vouliez imiter en cela les Romains, il faudroit que vous donnassiez la charge à vos derniers bataillons, qui tiennent lieu des triaires, de fortifier le camp. Mais revenons à parler des gardes. Je n'ai point remarqué que chez les anciens, pour garder le camp la nuit, on tint des corps de gardes avancées & postées loin par - delà les retranchemens, comme on fait aujourd'hui, & qu'on appelle gardes secrettes. Je pense qu'ils n'en usoient pas; se figurant qu'elles pouvoient tromper l'armée, à cause de la difficulté de les visiter, & parce qu'elles pouvoient être gagnées ou accablées par l'ennemi; desorte qu'ils croyoient qu'il étoit dangereux de se fier à ces gens-là, ou en tout, ou en partie. C'est pour cela que toute la force de leurs gardes étoit au dedans des retranchemens, & ils les faisoient avec une diligence & un ordre extrême, punissant de mort tous ceux qui ne s'en acquittoient pas comme il faut. Mais je ne vous ferai point le détail de tout cela, pour ne vous pas ennuyer, puisque vous pouvez l'apprendre de vous-mêmes, si jusquici vous ne l'avez point vu. Je ne vous dirai donc que ce qui regarde à présent mon dessein. Toutes les nuits je tiendrois le tiers de l'armée sous les armes: de ce tiers j'en tiendrois le quart toujours sur pied, & ces gens-là seroient distribués par

tous les retranchemens & par tous les postes du
camp, avec doubles gardes à tous les angles :
& les uns se tiendroient fixes, & les autres mar-
cheroient continuellement d'un des bouts du
quartier à l'autre. Je garderois encore le même
ordre en plein jour, si j'étois proche de l'ennemi.
Pour ce qui concerne le mot du guet, son re-
nouvellement tous les soirs, & autres telles ba-
gatelles qui appartiennent à la garde, je ne vous
en entretiendrai pas, comme étant choses connues
de tout le monde. Je vous ferai souvenir seulement
d'une chose fort importante, qui porte grand
préjudice quand on la néglige, & qui est très-
avantageuse quand on l'observe bien, c'est qu'il
faut être fort exact à remarquer ceux qui ne
se retirent pas le soir au camp, & ceux qui y
viennent de nouveau. Rien n'est plus aisé, avec
l'ordre que nous avons établi, que de voir tout
ce qui est logé, parce que chaque quartier ayant
son nombre établi, il est aisé de voir s'il en
manque, ou s'il y en a de trop ; & lorsqu'il en
manque, sans qu'on leur ait donné congé, il
faut les châtier comme déserteurs ; & s'il y en
a de trop, savoir qui ils sont, ce qu'ils font, &
autres choses de cette nature. Cette exactitude
fait que l'ennemi ne peut avoir correspondance
avec vos officiers, ni pénétrer vos desseins ; Si

I 3

les Romains avoient négligé cet ordre, Claude Néron, étant si proche d'Annibal, n'auroit pas pu quitter le lieu de son camp en Lucanie, & aller & retourner de la Marche, sans qu'Annibal s'en apperçût le moins du monde. Mais il ne sert de rien d'établir de bons ordres, si on ne les fait observer avec la derniere rigueur; car, tout ce qui concerne une armée doit sur toutes choses, être fort exact. C'est pourquoi il faut, lorsqu'on la veut faire camper, établir des loix très-séveres pour la bien retrancher; & ceux qui ont inspection là-dessus doivent être sans miséricorde. Les Romains punissoient de mort ceux qui manquoient aux gardes, ceux qui abandonnoient leur poste dans le combat, ceux qui portoient quelque chose en cachette hors du camp, ceux qui se vantoient à faux de quelque belle action dans la mélée, ceux qui combattoient sans les ordres du général, & ceux à qui la lâcheté faisoit mettre bas les armes. Et lorsqu'il arrivoit, ou qu'une cohorte ou qu'une légion entiere tomboit dans quelqu'une de ces fautes-là, ils la faisoient toute tirer au billet, & faisoient mourir le dixieme : car, si tous n'en sentoient pas la peine au moins tous la craignoient. Or, parce que-là où il y a de grands châtimens à craindre, il faut qu'il y ait aussi des récompenses à espérer,

afin que les hommes soient excités, & par l'appréhension, & par l'espérance tout ensemble, les
mêmes anciens avoient aussi établi des prix pour
les belles actions, comme seroit celle de sauver
la vie à son compatriote dans le combat; celle de
monter le premier sur la muraille d'une place
ennemie: celle d'entrer le premier dans le camp
des ennemis; celle d'avoir, ou blessé ou tué
un ennemi dans le combat, ou de l'avoir mis
bas de son cheval. Ainsi toutes les belles actions
étoient reconnues & récompensées par les consuls, & louées de tout le monde : & ceux qui
remportoient des prix pour quelqu'une de ces
belles actions, outre la réputation & l'honneur
qu'ils en acqueroient parmi leurs camarades,
lorsqu'ils étoient retournés chez eux, ils en
faisoient parade avec beaucoup de pompe &
d'éclat entre leurs amis & leurs parens. Ne nous
étonnons donc pas si ce peuple faisoit de si
grandes conquêtes, puisqu'il récompensoit &
punissoit si bien ceux qui le méritoient; & de
tout cela il seroit fort à propos d'en observer
la meilleure partie. Il me semble encore que je
ne dois pas omettre un genre de punition qu'ils
observoient, qui est, « que l'accusé étant con-
« vaincu, il étoit mené devant son commandant,
» ou le consul même, qui lui ayant donné un

» petit coup de baguette, il lui étoit permis de
» s'enfuir, & en même tems tous les autres
» soldats avoient la permission de le tuer : «
desorte qu'incontinent, ou on lui lançoit des
dards, ou on le frappoit d'autres armes. Ainsi il
n'alloit pas bien loin, & rien n'étoit plus rare
que d'en voir échapper ; & si quelqu'un le faisoit
par hazard, il n'avoit pas la permission de retourner chez lui, si ce n'est avec tant d'incommodités, & chargé de tant d'ignominie, que la
mort lui étoit beaucoup plus douce. C'est un
usage que les Suisses gardent encore en ce tems-
ici, faisant passer par les armes des autres soldats
ceux qui sont condamnés par le conseil de
guerre. Rien n'est plus judicieux, ni pratiqué
plus à propos ; car pour empêcher qu'un homme
ne veuille protéger un accusé, le meilleur remede est de le lui donner à châtier : car lorsqu'il
doit le punir lui-même, il n'a pas les mêmes
mouvemens pour souhaiter sa peine ou sa déli-
vrance, comme quand un autre a cette commission. Si vous voulez donc qu'un criminel ne
soit pas favorisé par tout un peuple, le grand
remede est de faire tout le peuple juge de son
crime. Pour mieux fortifier cette pensée, je vous
apporterai l'exemple de Manlius Capitolinus,
qui, étant accusé par le sénat, fut défendu par

le peuple, jusqu'à ce que le peuple lui-même en eût été établi juge; mais, dès que sa cause fut mise devant lui, il le condamna à mort. C'est donc-là une maniere de punir les coupables sans craindre la mutinerie, & avec assurance de bien faire observer la justice. Or, parce que, pour tenir en bride des gens de guerre, la crainte des loix & celle des hommes ne suffit pas, les anciens avoient ajouté à cela l'autorité divine. C'est pour cela qu'ils faisoient jurer à leurs soldats avec de très-grandes cérémonies de bien observer la discipline militaire, afin que, s'ils y contre-venoient, ils n'ussent pas seulement à craindre les loix & les hommes, mais la divinité même; & ils prenoient un grand soin de leur mettre la religion au cour.

DELLA PALLA. Les Romains souffroient-ils qu'il y eût des femmes dans leurs armées, ou qu'on s'y amusât à ces jeux oisifs, où l'on s'occupe aujourd'hui?

COLONNE. Ils défendoient l'un & l'autre; ce qui leur étoit aisé, parce qu'ils occupoient tous les jours leurs soldats à faire tant de factions & d'exercices, tantôt publics, tantôt particuliers, qu'ils n'avoient pas le tems de penser, ni aux jeux, ni aux femmes, comme font nos soldats oisifs & mutins.

DELLA PALLA. Rien n'est plus juste que ce que vous dites-là. Mais apprenez-moi, s'il vous plaît, quel ordre l'armée gardoit quand elle décampoit ?

COLONNE. Le général faisoit sonner trois fois la trompette. Au premier coup, on levoit les tentes & on plioit bagage ; au second, on le chargeoit ; & au troisieme, on marchoit de la maniere que je vous ai dite ci-dessus, chaque partie des troupes ayant une partie du bagage, & les légions marchant au milieu. Ainsi vous auriez d'abord à faire marcher un régiment de troupes auxiliaires, qui auroit en queue tout son bagage, & outre cela, une quatrieme partie de celui de l'armée, qui seroit tout celui que nous avons logé dans un des quartiers que nous avons montrés tantôt. Il faudroit donc en donner un à chaque régiment, afin que, l'armée marchant, chacun sçût le rang qu'il doit tenir dans la marche. Ainsi chaque régiment doit marcher avec son propre bagage & la quatrieme partie de celui de l'armée en queue ; & c'est de cette façon que l'armée Romaine marchoit.

DELLA PALLA. Lorsqu'il s'agissoit de former un camp, avoient-ils d'autres regles que celles que vous avez marquées ?

COLONNE. Je vous dis encore que les Romains formoient leurs campemens toujours sur le même modèle, & devant que de regarder à d'autres choses, il s'attachoient d'abord-là. Du-reste, ils observoient deux autres points princi-paux : l'un de choisir un lieu sain ; & l'autre, de se poster dans un endroit où l'ennemi ne pût les assiéger, ni leur couper l'eau, ou les convois. Pour prévenir les maladies, ils évitoient les lieux marécageux, & ceux où il regnoit des mauvais vents ; ce qu'ils reconnoissoient, non pas tant par la situation du lieu, que par la constitution & le teint des habitans. Si donc ils les voyoient d'une méchante couleur, ou asthmatiques, ou ayant quelque autre incommodité regnante, ils ne campoient pas-là. Pour la seconde précaution qu'ils prenoient, qui étoit de n'être pas assiégés, ils examinoient de quel côté étoient les amis, & de quel côté étoient les ennemis ; & sur cela ils jugeoient s'ils étoient en danger d'être as-siégés ou non. C'est pourquoi il faut qu'un général, non-seulement connoisse bien le pays, mais qu'il ait, de plus, bien du monde auprès de lui fort intelligent la-dessus. On évite encore les maladies & la famine, en ne souffrant pas de désordres ni d'excès dans une armée ; car, pour la conserver en santé, il faut faire ensorte que les soldats couchent à couvert de leurs tentes, qu'ils campent dans un lieu, où il y ait des arbres, pour faire de l'ombre, & du bois, pour faire cuire les viandes; qu'ils ne fassent pas, s'il se peut, de grandes marches dans le grand chaud. Par conséquent, il faut mettre l'armée en campagne avant l'été, & se donner bien de garde l'hiver de la faire marcher dans les neiges & dans les glaces, si vous n'avez la commodité de faire du feu, & que vos gens ne soient bien couverts. Il faut aussi prendre garde qu'ils ne boivent point de mauvaises eaux; & pour ceux qui tombent malades, il faut avoir des médecins savans pour les traiter; car un général ne peut pas combattre tout à-la-fois, & l'ennemi, & les maladies. Mais de tous les remedes il n'en est point de si bon, que l'exercice, pour prévenir les maladies dans une armée: c'est pour cela que les anciens le faisoient faire tous les jours à leurs troupes. Jugez donc par-là de quelle conséquence est l'exercice, puisqu'il conserve la santé dans les campemens, & donne la victoire dans les combats. Pour ce qui regarde les vivres, prenez bien garde que l'ennemi ne vous coupe vos convois; mais précautionnez-vous de bonne heure pour pouvoir les tirer aisément des lieux dont vous pouvez les avoir, & ménagez bien ceux que vous avez déjà. Ayez-

en donc avec votre armée pour un mois, &
marquez à vos voisins, qui sont dans votre
alliance, la quantité qu'ils doivent vous en fournir
tous les jours. Enfin faites-en un bon magazin
dans quelque place forte; mais sur-tout, dis-
pensez vos munitions avec une exactitude extrême, donnant tous les jours à chaque soldat
une ration suffisante, en prévenant tous les
inconvéniens qui pourroient vous survenir à cet
égard; car tous les autres se peuvent surmonter
à la guerre avec le tems : mais pour ceux qui
pourroient naître dans le mauvais ménage des
vivres, ils vous surmontent & vous détruisent
vous-même avec le tems. Sur-tout ne pensez
pas qu'un ennemi, qui saura pouvoir vous vaincre
par la famine, hazarde jamais de le faire par le
sort des armes; car si la victoire est moins glorieuse, elle est plus certaine & moins dangereuse.
Une armée donc, qui ne garde point de regles
sur les vivres, & qui les laisse consumer selon
le caprice des gens, ne peut pas éviter de tomber
dans la disette, parce que le désordre, d'un
côté, ne donne pas lieu aux convois d'arriver
surement; & de l'autre, il laisse consumer mal-
à-propos les provisions qu'on a déjà. C'est pour
cela que les anciens ordonnoient qu'on consumât
celles qu'ils vous donnoient, & dans le tems qu'ils

vous marquoient ; car les troupes ne repaissoient que dans le tems que le général mangeoit. Or, chacun sait de quelle maniere tout ceci est réglé dans nos armées d'aujourd'hui, qui bien loin de pouvoir s'appeller des armées bien réglées pour la sobriété comme celles des anciens, sont composées de gens dont la vie est licentieuse & pleine de débauches.

DELLA PALLA. Vous avez dit dans le commencement que vous avez parlé du campement, que vous ne vouliez pas vous contenter de deux régimens, mais que vous en vouliez prendre quatre, pour mieux faire voir comment un corps d'armée de juste grosseur doit camper. Je voudrois donc que vous me disiez deux choses, l'une quand j'aurois plus ou moins de gens, ce qu'il faudroit que j'observasse dans la méthode de camper ; l'autre, quelle quantité de soldats vous suffiroit pour combattre quelque ennemi que ce pût être.

COLONNE. A la premiere question je réponds que si l'armée est plus ou moins forte de quatre ou six mille hommes, on ajoute ou on retranche des rangs des logemens à proportion ; desorte qu'en suivant cette méthode on peut aller à l'infini. Cependant lorsque les Romains joignoient

deux armées consulaires , ils faisoient deux
camps , en observant que les quartiers du bagage
& des gens sans défense fussent tournés l'un
contre l'autre. Pour la seconde question , je
répons qu'une armée ordinaire chez les Romains
étoit composée d'environ vingt - quatre mille
hommes ; mais lorsqu'ils se voyoient pressés ,
le plus qu'ils mettoient ensemble étoit cinquante-
mille hommes. C'est avec ce nombre qu'ils s'opposerent à deux cens mille Gaulois qui vinrent
fondre sur eux après le premiere guerre de Car-
thage , & ce fut encore avec ce nombre qu'ils
s'opposerent à Annibal. Vous devez bien remarquer que les Grecs & les Romains ont toujours fait la guerre avec un petit nombre , mais
fortifié par la bonne conduite & par la sience
des armes. Les Occidentaux & les Orientaux
l'ont toujours faite avec de grandes armées ; mais
les uns qui sont les Occidentaux , n'avoient point
d'autre conduite que la furie que la nature leur
a donnée ; & les Orientaux ne se conduisoient
que par la grande soumission qu'ils ont toujours
eue pour leurs souverains. Et pour les Grecs
& les Italiens , comme ils n'avoient point naturellement cette fureur martiale , ni cette grande
soumission pour leurs supérieurs , il a fallu qu'ils
se soient tournés du côté de la discipline mili-

taire, qui a tant de pouvoir, que le petit nombre bien conduit a vaincu la multitude de ceux qui ne suivoient que leur impétuosité & leur opiniâtreté naturelles. C'est pourquoi je vous dis que si vous voulez imiter les Grecs & les Romains, vous ne devez jamais passer le nombre de cinquante-mille hommes, & même en prendre moins; car la quantité apporte la confusion, & ne permet pas d'observer la discipline militaire, & de faire pratiquer aux soldats les mieux dressés les bons ordres qu'ils ont appris. Pirrus, sur cela, disoit ordinairement qu'il attaqueroit toute la terre avec quinze-mille hommes. Mais passons à une autre matiere. Nous avons fait gagner une bataille à notre armée, & fait voir les inconvéniens qui peuvent survenir au milieu du combat ; nous l'avons fait marcher, nous avons remarqué les embarras qu'elle peut rencontrer sur sa route ; & enfin nous l'avons fait camper ; & c'est ici où il faut un peu se reposer des fatigues passées, & penser aussi aux moyens de terminer la guerre : car pendant qu'on est campé, on doit penser à bien des choses ; sur-tout s'il vous reste des ennemis en campagne, & s'il y a des places dont les unes soient suspectes & les autres déclarées ennemies ; il faut s'assurer des unes & forcer les autres. C'est pourquoi il faut vous instruire

là-dessus,

là-dessus, & surmonter toutes ces difficultés aussi glorieusement, comme nous avons fait la guerre jusqu'à présent. Pour donc descendre dans le détail, je dis que s'il arrivoit que plusieurs peuples fissent des choses à leur préjudice, & dont vous puissiez tirer avantage, comme s'ils rasoient leurs places, ou bannissoient leurs meilleurs officiers, il faut que vous les trompiez, ensorte que chacun de ces peuples-là ne s'imagine pas que vous pensez à lui; ainsi ne se liguant point les uns avec les autres, ils se trouveront accablés tous à-la-fois, sans y pouvoir apporter de remede. Ou bien si vous les sommez tous à-la-fois, & dans un même jour, de faire ce que vous voulez qu'ils fassent, comme ils croiront chacun être les seuls qui sont sommés, ils penseront plutôt à se soumettre qu'à chercher les moyens de se délivrer; ainsi vos ordres seront exécutés par eux tous, sans bruit & sans difficulté. Si vous vous défiez de la bonne foi de quelque peuple, & que vous voulussiez vous en assurer, en la prévenant à l'improviste; afin de mieux cacher votre dessein, vous ne pouvez pas mieux faire que de lui en communiquer quelqu'autre, lui demander son assistance, & feindre d'avoir toute autre pensée dans l'esprit, que celle d'entreprendre quelque chose contre lui. Cette conduite l'empêchera de penser à sa défense, ne s'imaginant pas que vous en vouliez à lui ; ainsi il vous donnera lui-même les moyens d'exécuter vos projets. Si vous vous doutiez qu'il y eût quelqu'un dans votre armée qui entretint correspondance avec l'ennemi pour lui donner avis de vos démarches , la meilleure politique que vous puissiez avoir pour vous prévaloir de sa trahison, c'est de lui communiquer ce que vous n'avez pas envie de faire , & de lui cacher vos véritables desseins ; de lui marquer de plus que vous craignez certaines choses dont vous êtes assuré en lui cachant celles que vous appréhendez effectivement ; car tout cela pourra faire entreprendre quelque chose à votre ennemi, sur ce qu'il s'imaginera être bien informé de toutes vos pensées ; ce qui le fera tomber dans quelque faute dont vous pourrez tirer un grand avantage. Si vous aviez dessein de partager vos troupes pour en secourir quelque confédéré, & que vous le voulussiez cacher à l'ennemi, comme fit Claude Nénon à Annibal, il ne faut point diminuer le nombre de vos tentes, ni changer aucun des ordres & des apparences extérieures que vous aviez auparavant , faisant toujours la même quantité de feux & le même nombre de gardes que vous aviez coutume de faire. D'autre côté, s'il vous venoit du renfort & que vous voulussiez que l'ennemi ne s'en apperçût pas, il ne faut point augmenter le nombre des tentes ; car quand on sait cacher ses desseins & ses démarches, on en tire bien souvent un très-grand avantage. C'est par cette raison que Métellus qui commandoit les troupes en Espagne, étant interrogé sur ce qu'il vouloit faire le lendemain, répondit que si sa chemise savoit son dessein, il la jetteroit au feu. Marcus Crassus répondit à un homme qui lui demandoit quand il feroit marcher l'armée : appréhendez-vous, dit-il, d'être seul, & de n'entendre pas le bouteselle ? Si vous aviez intention de pénétrer les desseins de votre ennemi, & de voir sa contenance, vous pourriez mettre en usage ce qui a quelquefois réussi en telle conjoncture, qui est d'envoyer un ambassadeur accompagné de gens fort intelligens, & bien entendus au métier de la guerre, qui prenant l'occasion de voir l'armée ennemie, & d'en examiner le fort & le foible, ont donné après cela les moyens de la battre. D'autres ont banni un de leurs confidens qui passant pour transfuge, avertissoit son maître de toutes les allures de l'ennémi. L'on apprend aussi beaucoup de choses des prisonniers de guerre. Marius, dans la guerre contre les Cimbres, ayant dessein de savoir s'il pouvoit se fier aux Gaulois qui occupoient alors la Lombardie, leur envoya des lettres cachetées, & d'autres qui étoient ouvertes, dans lesquelles il leur mandoit de ne point décacheter les autres, qu'à un certain tems marqué. Mais avant qu'il fût échu, il les redemanda, & les trouvant ouvertes, il vit bien qu'il ne falloit pas trop se fier à eux. De grands capitaines se voyant attaqués, n'ont point pris parti d'aller au-devant de l'ennemi ; mais au-lieu de cela, ils sont entrés à main armée dans son pays, & l'ont obligé par-là de retourner chez lui pour garder sa maison. C'est-là une chose qui a souvent réussi, parce que vos soldats ont commencé leur guerre par la victoire & par la dépouille des autres ; ce qui leur a donné du courage, & étourdi l'ennemi, qui s'imagine par-là d'être battu après avoir eu l'avantage. Ceux donc qui ont fait cette diversion ont fort souvent réussi. Mais vous ne la pouvez faire que lorsque votre pays est plus fortifié que celui des gens à qui vous avez affaire ; car sans cela, c'est le chemin de vous perdre. Il s'est trouvé quelquefois, qu'un général assiégé & pressé dans son camp, est entré en négociation, & a conclu une tréve de quelques jours, qui rendant l'ennemi plus négligent, lui

a procuré l'occasion d'échapper de ses mains.
C'est par ce chemin-là que Sylla s'est tiré
deux fois d'affaire avec ses ennemis : & par la
même ruse, Asdrubal en Espagne sortit des
mains de Claude Néron qui le tenoit assiégé.
On se délivre encore de son ennemi par quelques autres moyens que ceux-ci, qui peuvent
l'amuser. L'on peut y parvenir en deux manieres : ou en l'attaquant avec une partie de vos
troupes, pendant que le reste décampe,
voyant l'autre armée occupée à se battre ; ou
en faisant survenir quelque accident imprévu,
qui puisse le surprendre par la nouveauté du
cas, & le tenir en suspens & sans rien entreprendre. Vous savez que c'est ainsi qu'en usa
Annibal qui étant serré de près par Fabius, mit
entre les cornes d'une grande quantité de bœufs
des fascines allumées ; & cette nouveauté ayant
surpris Fabius, il ne pensa point à lui fermer
le passage. Ce qu'un général peut faire de meilleur, c'est d'employer tous ses soins à mettre
la division chez son ennemi, ou en lui rendant
suspects les gens en qui il se fie, ou en l'obli-
geant à séparer ses troupes, & par conséquent,
à s'affoiblir. On vient à bout du premier, en
ménageant les intérêts de quelqu'un de ceux qui
sont le mieux auprès de lui, ou en conservant

ses terres, ou en lui rendant ses enfans & autres personnes cheres sans rançon. Vous savez bien qu'Annibal, ayant fait le dégat dans toute la campagne Romaine, n'épargna que les terres de Fabius. Vous savez aussi que Coriolanus venant avec son armée contre Rome, conserva les terres des Nobles, & brûla & saccagea toutes celles du peuple. Métellus commandant l'armée contre Jugurta, sollicita tous les envoyés de ce prince de le lui livrer prisonnier; & ensuite leur écrivant à tous des lettres qui ne parloient que de cela, il lui rendit tous ses conseillers si suspects, qu'il se défit d'eux sous différens prétextes. Annibal s'étant réfugié auprès d'Antiochus, les ambassadeurs Romains se rendirent si familiers avec lui, qu'Antiochus le soupçonnant, ne voulut plus écouter ses conseils. Pour diviser les forces de votre ennemi, le meilleur expédient est d'envoyer une partie de votre monde attaquer son pays; car quand il sera contraint de l'aller défendre, il faut qu'il vous laisse en paix. Ce fut l'adresse qu'eut Fabius, ayant en tête les Gaulois, les Toscans, les Umbres, & les Samnites. Titus Didius ayant peu de gens en comparaison des autres, & attendant une légion de Rome, il s'apperçut que les ennemis vouloient aller au-devant; & pour les en empêcher il fit courir le bruit, que

le lendemain il en vouloit venir aux mains; &
ensuite il fit ensorte de laisser échapper, comme
par mégarde, quelques prisonniers qu'il tenoit,
qui rapportant le dessein du consul de livrer bataille le lendemain, firent changer la résolution
que leurs gens avoient prise, de peur de diminuer
leurs forces, en envoyant au-devant de cette
légion; ce qui fit qu'elle arriva à bon port. Cette
ruse ne servit pas à Titus Didius à diviser les
forces de son ennemi, mais à doubler les siennes
propres. Il y en a qui ont eu la finesse, pour
diminuer les forces de leur ennemi, de le laisser
entrer effectivement dans leur pays, & de lui
laisser prendre plusieurs places, où après avoir
mis garnison, il lui est resté une armée si foible,
qu'ils ont eu assez de facilité à l'attaquer & à la
vaincre. Quelques autres voulant entrer dans un
pays, ont feint d'en vouloir à un autre, & se
sont comportés avec tant d'adresse dans cette
ruse, qu'ils se sont emparés de ce qu'ils souhai-
toient, devant qu'on eût le tems d'y apporter du
secours. Car votre ennemi ne pouvant pas savoir
si vous ne retournerez point au pays que vous
avez menacé d'abord, est contraint de n'aban-
donner pas un lieu pour en défendre un autre;
& ainsi fort souvent il ne garde, ni l'un, ni
l'autre. Outre tout ce que dessus, il est de

grande importance à un général d'avoir l'adresse d'assoupir toutes les divisions qui arrivent dans les troupes. Le meilleur pour cela est de chatier les chefs de la mutinerie ; mais il faut le faire, ensorte qu'ils soient accablés devant qu'i's aient pressenti votre dessein. Le meilleur moyen d'en venir à bout est, s'ils sont éloignés de vous, de faire venir tout à-la-fois les coupables & les innocens ; car cela les empêchera de croire que ce soit en intention de les châtier, ce qui les tiendra encore dans le devoir, & facilitera leur pu ition. Lorsqu'ils sont venus, il faut se fortifier de ceux qui sont fideles, & les employer à faire justice des autres. Quand la division ne vient que pour des différens particuliers, il faut les mener à l'occasion ; car le péril & la peur de la mort réunit toujours les gens qui sont en division. Mais ce qui entretient bien l'union & la bonne intelligence dans les troupes, c'est la réputation du général, qui ne provient jamais que de son mérite ; car ni la naissance, ni l'autorité, ne l'ont jamais fait naître sans la vertu. Or, la premiere chose qu'un général doit faire, c'est de bien discipliner ses gens, & de les bien payer, car tant que la solde manque, il n'est pas possible de conserver la discipline & la sévérité. Comment, en effet, puniriez-vous un soldat qui vole, si vous ne le payez pas? Et ce pauvre misérable qu'on ne paye pas, comment peut-il vivre s'il ne vole? Mais, si étant payé il vole, & que vous ne le punissiez pas, il deviendra insolent en toutes choses, parce qu'il perdra l'estime pour vous. Et quand vous en êtes venu-là, vous ne pouvez plus garder votre autorité, ce qui produira la mutinerie & les divisions qui sont toujours la perte des armées. Les anciens capitaines avoient une peine, dont ceux d'aujourd'hui sont presque exempts, qui étoit de donner un sens qui les accommodât à tous les mauvais augures; car si une flêche tomboit dans une armée; si le soleil ou la lune s'éclipsoit; s'il arrivoit un tremblement de terre; si le général faisoit quelque chute, ou en montant ou en descendant de cheval : tout cela étoit pris pour mauvais présage par les soldats; ce qui les jettoit dans une si grande terreur, que si on les eût menés au combat, ils auroient été aisément défaits. Aussi, dès qu'un général voyoit survenir quelqu'un de ces accidens, ou il leur en marquoit la raison, ou il faisoit voir que c'étoit une chose naturelle, ou il l'interprétoit à son avantage. César mettant pied à terre en Afrique, tomba par mégarde; & pour effacer la mauvaise impression que cet accident eût pu faire dans l'esprit des troupes, il eut la présence d'en faire un bon présage, par ce mot, Afrique, je t'ai prise. Plusieurs autres ont expliqué les raisons des éclipses de lune, & des tremblemens de terre. Mais il ne faut rien craindre dans le siecle où nous sommes, de ces sortes de présages, tant parce que nos gens sont moins supersticieux que les anciens, que parce que notre religion détruit toutes ces illusions. Mais en cas que cela n'arrivât pas, prenez les expédiens que prenoient les anciens. Quand la famine ou quelqu'autre raison pressante, a mis votre ennemi au désespoir, & l'a réduit à chercher le combat à quelque prix que ce soit, demeurez dans vos retranchemens, & tant que vous pourrez, n'en venez point aux mains. C'est ainsi qu'en userent les Lacédémoniens contre les Messéniens ; & César contre Asranius & Petrejus. Le consul Fulvius, commandant l'armée Romaine contre les Cimbres, les fit attaquer plusieurs jours de suite par sa cavalerie, en remarquant qu'ils quittoient leur camp pour la poursuivre ; & profitant de l'occasion, il entra dedans, & le saccagea. Il est arrivé qu'un grand capitaine a tiré un avantage considérable, se voyant proche de l'ennemi, qui fut d'envoyer lui - même de ses gens, avec des enseignes ennemis, piller son propre pays : desorte que les autres se figurant que ces drapeaux étoient de leurs gens , qui venoient à leur secours , sont aussi sortis de leurs retranchemens pour leur aider à piller ; & s'étant mis par-là en désordre , ont donné lieu à ce rusé capitaine de les défaire. Ce fut de ce stratagême dont usa Alexandre d'Epire contre les Illyriens , & Lepteme de Syracuse contre les Carthaginois ; ce qui leur réussit à tous deux. Plusieurs sont venus à bout de leurs ennemis , en les faisant créver de boire & de manger ; car feignant d'avoir peur , ils abandonnoient tout d'un coup leurs retranchemens, où ils avoient laissé une grande abondance de vin & de vian-des, dont l'ennemi usant par excès , se trouvoit surpris dans ce mauvais état & battu. C'est ce que fit la reine Tamiris à Cyrus , & Tiberius Graccus aux Espagnols. Quelques-uns ont em-poisonné le vin & les viandes , pour battre plus facilement leurs ennemis. Je vous disois n'a gueres que je ne trouvois point chez les anciens , qu'ils eussent la nuit des gardes secrettes hors de leur camp, & que je croyois qu'ils le faisoient pour éviter les inconvéniens qui en pourroien survenir ; car même on a vu que les vedettes qu'on avoit posées de jour pour épier l'ennemi ont été quelquefois la ruine de ceux qui les avoient posées par la raison , qu'étant prises , on

leur a fait découvrir par force le signal qu'ils devoient donner pour faire venir leurs gens qui
venant en effet sans rien soupçonner, ont été ou
pris ou tués. On peut quelquefois tirer avantage
en changeant quelqu'une de nos coutumes, sur
laquelle l'ennemi faisant fond, se trouve trompé
à son grand préjudice, comme fit un certain
général, lequel ayant accoutumé de marquer à
ses gens la venue de l'ennemi par des feux la
nuit, & par de la fumée le jour, commanda
que sans aucun relâche on fit toujours le feu
& la fumée, & que quand on verroit approcher
l'ennemi, on ne fit ni l'un ni l'autre; ce qui lui
faisant croire qu'on ne l'appercevoit pas, il marcha avec confiance & en désordre, & rendit par-
là sa défaite aisée à cet habile capitaine. Memnon
Rhodien voulant tirer sur son ennemi des postes
avantageux qu'il occupoit, lui envoya un homme
contrefaisant le transfuge qui l'assuroit que son
armée étoit en division, & que la plus grande
partie abandonnoit ce général; & afin de le lui
persuader mieux, ce transfuge fit signe à son
maître de faire faire grand bruit dans ses retranchemens; ce qui faisant espérer à l'ennemi qu'il
pourroit vaincre, il alla l'attaquer, & fut vaincu
lui même. On doit, outre toutes les précautions
ci-dessus, regarder bien à ne pas pousser au
désespoir son ennemi. C'est ce que pratiqua

César , combattant contre les Allemans , qui
voyant que l'impossibilité de fuir les rendoit plus
furieux, leur ouvrit le passage , aimant mieux
avoir la peine de les poursuivre dans leur déroute, que de courir le risque de les vaincre ,
pendant qu'ils se défendroient. Lucullus voyant
que quelque cavalerie Macédonienne qu'il avoit
dans ses troupes , passoit dans l'autre armée , il
fit aussitôt sonner la charge , & commanda que
le reste de son armée suivit ces déserteurs; ce
qui persuadant l'ennemi que Lucullus vouloit
commencer le combat , il donna avec tant de
furie sur les Macédoniens , qu'ils furent contraints de se défendre; ce qui les obligea malgré
eux de servir en combattant au-lieu de déserter.
il est encore de conséquence de s'assurer d'une
place dont la fidélité vous est suspecte , soit
après la bataille gagnée, soit avant. C'est ce que
vous allez apprendre de quelques exemples anciens. Pompée se défiant des habitans de Catina ,
les pria de vouloir bien recevoir chez eux les
malades de son armée , & ayant fait entrer les
plus braves qu'il eût , déguisés en malades, il
s'empara de la place. Publius Valerius appréhen-
dant que la ville d'Epidaure ne lui fût pas fidele,
fit venir une indulgence (ce qui étoit aussi l'usage
des paysans) à un de leurs temples qui étoit hors

de la ville , & tout le peuple y étant allé pour gagner les pardons , il fit fermer les portes & ne
laissa rentrer que ceux dont il étoit assuré.
Alexandre-le-Grand voulant aller en Asie & s'assurer de la Trace , il emmena avec lui tous les
principaux de cette province-là , à qui il donnoit
pension , & mit sur les peuples des gens mépri-
sables ; ainsi il contenta les premiers en leur donnant pension ; & tint les peuples en repos,
n'ayant point de chefs pour se révolter. Mais
entre toutes les bonnes qualités par lesquelles
un général gagne les peuples , c'est assurément la
justice & la chasteté ; comme fut l'exemple qu'en
donna Scipion en Espagne , qui rendit au père
& au mari la plus belle captive qu'on eût jamais
vue, & cette conduite lui fit plus faire de conquétes en ce pays-là, que la force des armes.
César ayant fait payer le bois dont il fit les pa-
lissades autour de son camp dans les Gaules ,
s'acquit tellement la réputation d'observateur de
la justice , que cela lui aida beaucoup à se rendre
maître des peuples. Je n'ai plus rien à dire sur
tous ces différens accidens ; & il ne nous reste
aucune partie de cette matiere que nous n'ayons
traitée. Nous n'avons donc plus qu'à parler de
la maniere de prendre & de défendre les places ;

ce que je ferai volontiers, si cela ne vous ennuie point.

DELLA PALLA. Votre bonté est si grande, qu'elle nous accorde tout ce que nous souhaitons de vous, sans que nous puissions craindre de passer pour trop hardis ; car vous nous prévenez honnêtement dans les choses que nous n'oserions pas vous demander. Nous vous dirons donc seulement que vous ne pouvez pas nous obliger plus sensiblement, que d'achever ces discours. Mais devant que de quitter le précédent sujet, résolvez-nous, s'il vous plaît, cette difficulté : lequel est le plus avantageux, de continuer la guerre jusque dans l'hiver, comme on le pratique aujourd'hui, ou de ne la faire que l'été, & le reste du tems se retirer dans les quartirs d'hiver, comme faisoient les anciens ?

COLONNE. Voici une question considérable que nous aurions omise sans la prudence de celui qui la fait. Je vous répéterai donc encore que les anciens faisoient tout mieux & avec plus de prudence que nous ; & si dans toutes les autres choses nous faisons des fautes dans ce qui regarde la guerre nous les faisons toutes. Rien n'est plus dangereux, & ne marque tant l'imprudence d'un général, que de faire la guerre l'hiver ; & celui qui la fait court bien plus de risque que celui qui la soutient. En voici la raison : tous les soins qu'on prend à faire bien observer toutes les regles de la discipline militaire, ne tendent qu'à mettre votre armée en état de bien livrer bataille à votre ennemi, car c'est-là la fin qu'un général doit se proposer, puisque la perte ou le gain d'une bataille vous donne presque le dessus ou le dessous dans une guerre. Celui donc qui sait mieux régler & conduire une armée , & qui a la mieux disciplinée , & la mieux form.e à faire l'exercice, a sans doute plus d'avantage à la guerre , & plus d'espérance d'y remporter la victoire. D'autre part , rien n'est plus contraire à bien observer les regles, que les situations rudes & les tems froids & humides ; car une situation rude ne vous permet pas de donner l'étendue à vos bataillons telle que les loix de l'exercice le demandent ; & les tems froids & humides vous empêchent de tenir toujours vos troupes en un corps , & de pouvoir vous présenter en cet état à l'ennemi ; parce qu'il faut que vous logiez vos gens séparés les uns des autres, & sans ordre, la rigueur de la saison vous assujettissant à loger dans les villages , les châteaux & les terres. Ainsi vous perdez par-là tous les soins que vous avez pris à bien discipliner votre armée. Ne vous

étonnez

étonnez pas, au reste, si l'on fait aujourd'hui la guerre l'hiver, parce que les armées n'étant pas disciplinées, on ne sait pas le préjudice qu'elles reçoivent de loger les troupes séparées ; car les généraux de ce tems ici ne peuvent se faire de la peine de ne pas observer des réglemens qu'ils ne connoissent pas. Ils devroient pourtant bien s'appercevoir quel préjudice ils reçoivent de camper l'hiver, & se souvenir que les Français furent défaits auprès de Gariglian, non par les Espagnols, mais par la rigueur de la saison : car comme je vous ai dit, celui qui attaque a encore plus de désavantage, recevant plus d'incommodité du mauvais tems, puisqu'il est chez les autres à qui il veut faire la guerre. Il est donc contraint, s'il veut demeurer en corps d'armée, d'essuyer toutes les incommodités des pluies & du froid ; & s'il veut les éviter, il faut nécessairement qu'il partage ses troupes. Mais celui qui n'est que sur la défensive se loge où il lui plaît, en attendant les ennemis avec des troupes fraîches, qu'il peut aussi amasser en un instant & aller donner sur un de leurs quartiers qui ne peuvent pas résister à une telle attaque. C'est-là la raison pourquoi les Français furent défaits ; & par cette même raison, tous ceux qui attaqueront pendant l'hiver un ennemi qui aura de la prudence, ne doivent pas attendre un meilleur succès. Ceux donc qui voudront rendre inutiles leurs forces, leurs bons réglemens, l'expérience de leurs troupes & leur bravoure, n'ont qu'à se mettre en campagne l'hiver. Et parce que les Romains vouloient se prévaloir de tous ces avantages-là, pour lesquels ils se donnoient tant de peines, ils n'évitoient pas avec plus de soin la rigueur de l'hiver, que l'âpreté des montagnes les plus rudes & des lieux difficiles, en un mot, tout ce qui les empêchoit de mettre en usage leur adresse & leur valeur. Voilà tout ce que j'ai à répondre à votre question; parlons à présent de la prise & de la défense des places & des postes, & des moyens de les fortifier.

Fin du cinqieme Livre.

DE L'ART

DE LA

GUERRRE.

LIVRE SEPTIEME.

Colonne. Vous devez savoir que les places peuvent être forte par la nature, ou par l'art. Les places fortes naturellement, sont celles qui sont environnées de fleuves ou de marais, comme Mantou & Ferrare ; ou qui sont situées sur un rocher, ou sur une montagne escarpée, comme Monaco & San Leo ; car celles qui sont situées sur des éminences d'une pente douce

L 2

sont aujourd'hui fort foibles, eu égard au canon & aux mines. C'est pourquoi, quand il s'agit à présent de faire une nouvelle place de défense, on choisit un terrein uni, pour le fortifier selon les regles de l'art. La premiere chose à observer, est de faire les murailles bien défendues, & flanquées par des angles, par des casemates, & par des retranchemens, ce qui empêche l'ennemi d'en pouvoir approcher, parce qu'il peut être pris & de face, & de flanc. Si les murailles sont fort hautes, elles sont trop exposées aux coups de canon; si vous les faites basses, on peut aisément les escalader; si vous faites un fossé au devant, pour rendre l'escalade difficile, & que l'ennemi vienne à le combler, ce qui est bientôt fait par une grosse armée, votre muraille est après cela à sa discrétion. C'est pourquoi je crois (sauf les meilleurs avis) que, pour prévenir tous ces inconvéniens, il faut faire les murailles hautes, & les fossés par dedans, & non pas par dehors. C'est-là la fortification de la meilleure défense qui se fasse; parce que par-là vous êtes à couvert de l'artillerie & de l'escalade, & l'ennemi ne peut pas combler votre fossé. Il faut donc que votre muraille soit la plus haute que vous pourrez, & qu'elle n'ait pas moins de six pieds d'épaisseur, afin qu'il soit plus

difficile d'y faire bréche. Il faut mettre deux
cens pas entre chacune des tours ; il faut que
le fossé, que vous ferez au dedans, ait au moins
trente pas d'ouverture, & douze de profondeur,
& toute la terre qu'on en tire, doit étre jettée
du côté de la ville : mais il faudra la soutenir
d'un mur, qui, commençant dès le fond du
fossé, monte assez haut pour qu'un homme puisse
étre à couvert derriere, & cela rendra encore
le fossé p'us profond. Il faut que dans le fond
du fossé il y ait des casemates de deux cens pas
en deux cens pas, afin que le canon puisse donner
sur tous ceux qui voudroient y descendre. Il faut
mettre, derriere la muraille qui ferme le fo sé,
les gros canons qui défendent la place ; car la
muraille de devant étant haute ne peut étre défendue que par les moyennes ou les petites.
Si l'ennemi vient pour vous escalader, la hauteur
de la premiere muraille vous défend. S'il vient
avec de l'artillerie, il faut qu'il batte d'abord
la premiere muraille, qui, étant abbatu, a
rendu le fossé, qui est derriere, encore plus profond ; parce que la chûte d'un mur se fait toujours du côté dont il est battu. Or, il n'y a
point de fossé au devant pour recevoir ou
cacher ces ruines-là ; ainsi, il n'est pas possible
d'aller plus avant, trouvant ces ruines qui vous

arrétent, un fossé que vous ne pouvez franchir, & une artillerie qui donne sans cesse sur vous. Le seul remede à cela, est de combler le fossé; ce qui est fort difficile, tant à cause de sa grandeur, que de la difficulté d'en approcher, les murailles étant flanquées de tours & d'angles saillans, où par conséquent, il est dangereux de se fourrer, ayant de plus à monter à l'assaut par dessus des ruines, qui augmentent beaucoup les difficultés : j'estime donc, qu'une ville, ainsi fortifiée est imprenable.

DELLA PALLA. Si, outre le fossé qu'on fait au dedans, on en faisoit encore un au dehors, n'en seroit-elle pas plus forte?

COLONNE. Ouï, sans doute; mais j'ai voulu dire que n'en voulant faire qu'un, il est mieux de le faire dedans, que dehors.

DELLA PALLA. Voudriez-vous que les fossés fussent secs, ou pleins d'eau?

COLONNE. Les avis sont partagés; parce que les fossés pleins d'eau vous gardent contre la mine, & les fossés secs sont plus difficiles à combler. Mais après avoir bien considéré le tout, je les voudrois sans eau; car ils sont plus assurés; même on a vû l'hiver ceux qui étoient pleins d'eau se géler, comme il arriva à la Mirandole, quand le pape Jule l'assiégeoit : & pour vous

munir contre les mines, je ferois les foss.s
si profonds, que qui voudroit aller plus bas
trouveroit l'eau. Pour les places situées sur une
roche, je les fortifierois de la même maniere à
l'égard des fossés & des murailles, afin qu'elles
fussent aussi bien défendues par-là, que les autres.
Je veux seulement avertir ceux qui défendent les
places d'une chose, qui est, de ne point faire
de bastions dehors & éloignés de la muraille.
Je donnerai aussi un avis à ceux qui font des
places fortes sur des hauteurs, qui est, de n'y
faire jamais au dedans aucun retranchement, où
l'on puisse se mettre à couvert quand on a perdu
la premiere muraille. Ce qui me fait vous donner
le premier avis, c'est qu'il ne faut jamais faire
une chose, qui puisse diminuer sans ressource
la réputation que vous vous êtes acquise; car
si-tôt que cela arrive, on commence à ne plus
faire de cas de tous les autres ordres que vous
avez donnés; & ceux qui sont dans votre parti
commencent à prendre l'épouvante. C'est ce
qui ne manquera pas de vous arriver toutes les
fois que vous ferez des bastions dans les dehors
d'une place, que vous voudrez garder vous-
même; car il est certain, que vous les perdrez
toujours, les petites pieces ne pouvant pas
aujourd'hui se défendre de la fureur du canon:

desorte que , si-tôt qu'elles sont perdues , elles deviennent un grand acheminement à votre ruine totale. Lorsque Genes se révolta contre Louis XII. , on fit bâtir quelques bastions sur ces collines qui les envi onnent, qui, si-tôt qu'ils furent p is , (ce que les François eurent bien-tôt fait) servirent incontinent à prendre la ville. Pour le second avis , je soutiens qu'il n'y a rien de plus dangereux pour uneplace située sur une roche, que d'y faire plusieurs retranchemens où l'on puisse , en cas de besoin , se mettre à couvert, car de uis que les soldats esperent de trouver une retraite , en abandonnant le premier poste qu'ils ont à défendre , cela fait qu'ils le perdent en effet; & si-tôt que cela est fait, la place est perdue. Nous en avons une exemple tout récent dans la perte de la forteresse de Furli, lorsque la comtesse Catherine la défendoit contre Alexandre Borgia, fils du pape Alexandre VI. , q i l'assié-geoit avec l'armée du roi de France. Cette place étoit toute pleine de retranchemens , où l'on pouvoit se retirer de l'un à l'autre ; car premie-rement , il y avoit la citadelle , entre laquelle & le corps de la place , il y avoit un fossé, qu'on passoit avec un pont levis; & quand on étoit entré dedans, il y avoit encore trois re-tranchemens , tous séparés les uns des autres

par des fossés p e ns d'eau , qu'on passoit aussi
avec des p nts levis. Les François, battant un
de ces retranchemens , y firent bréche , que Jean
de Casal, qui défen loit cette place, négligeant
de garder , il se retira dans les autres retranchemens : ainsi les assiégeants y étant montés sans
trouver de résistance , se rendirent bien - tôt
maîtres du tout , parce qu'ils s'emparerent des
pon's qui menoíent d'un retranche ient à l'autre.
Cette place donc qu'on croyoit imprenable ,
périt par deux défauts : le premier , pour avoir
eu tant de retranchemens ; & l'autre , parce que
chacun de ces retranchemens-là n'étoit pas maître
de ses ponts ; & les défauts de la place , avec
le peu de prudence du gouve neur , ôterent
tout l'honneur à la courageuse entreprise de la
comtesse , qui avoit eu la résolution d'attendre
là-dedans une armée,devant laquelle le roi de Naples & le duc de Milan n'avoient pas osé paroître.
Et quoique ses efforts n'eussent pas un bon succès,
elle ne laîssa pas d'en remporter la gloire que
méritoit son courage ; ce que l'on marqua par
plusieurs épigrammes faites alors à sa louange.
Si je fortifio s donc un lieu élevé, je ferois
de fortes & grandes murailles , & des fossés
comme nous avons dit ; & dans le dedans je ne
ferois que des maisons basses & fo.bles , en-

sorte qu'elles n'empêcheroient point ceux qui seroient au milieu de la forteresse d'en voir tout le circuit, afin que le gouverneur pût discerner de la vue tous les endroits qui auroient besoin de secours, & que de plus chacun sçût que quand une fois la muraille & le fossé seroient pris, il n'y auroit plus de ressource. Mais si j'y faisois des retranchemens, j'en ferois les ponts levis partagés d'une maniere, que chacun en seroit maître de son côté, les faisant ensorte qu'ils appuyassent sur des piliers au milieu du fossé.

DELLA PALLA. Vous avez dit que les petites pieces ne se peuvent plus garder aujourd'hui; mais il me semble avoir ouï dire, que plus une place est petite, plus elle est aisée à défendre.

COLONNE. On ne vous a pas bien dit, car on ne peut pas appeller une place forte, dans laquelle ceux qui la défendent n'ont pas du terrein assez, pour faire de nouveaux retranchemens, avec d'autres fossés & d'autres remparts; car la fureur du canon est si terrible, que qui fait fond pour sa défense sur une seule muraille, & sur un seul fossé, se trompe. Et parce que les bastions se construisent d'une maniere à ne s'y pouvoir retrancher, à moins que vous n'en fassiez comme des châteaux & des places mêmes, ils sont bien-tôt perdus. C'est donc une prendence de ne point penser à des bastions, & de bien fortifier l'entrée & les portes des places avec des ravelins, en sorte qu'on ne puisse y entrer ni en sortir en ligne droite : il faut de plus qu'entre le ravelin & la porte il y ait un fosé avec un pont levis. On fortifie encore les portes avec coulisses, afin de retirer ses gens après qu'ils ont fait une sortie ; & s'il arrivoit que les ennemis les repoussassent, ces herses-là empéchent que les amis & les ennemis n'entrent pêle-méle. C'est pour cela qu'on a inventé ces machines, que les anciens appelloient des cataractes, qui en tombant, laissent dehors les ennemis , & mettent à couvert l'entrée ; car dans ces conjonctures vous ne pouvez disposer, ni de la porte , ni du pont levis, l'un & l'autre étant assujettis par la foule.

DELLA PALLA. J'ai vu de ces coulisses en 'Allemagne , faites de pieces de chevron en forme de grille ; & pour les nôtres , elles sont faites de planches toutes jointes ensemble. Je voudrois bien savoir d'où vient cette différence, & lesquelles sont les plus fortes.

COLONNE. Il faut que je vous dise encore que toutes les bonnes coutumes & les beaux ordres de guerre des anciens , sont presque évanouis dans tout le monde ; mais pour l'Italie, ils y sont entierement perdus ; & s'il y a quelque chose de bon, nous l'avons tiré des Ultramontains. Vous avez pu entendre dire, & ces messieurs peuvent s'en souvenir, de quelle foiblesse on faisoit les places en ces pays-ici avant que le roi Charles VIII y vint dans l'année mille quatre cens quatre-vingt-quatorze. On faisoit encore en ce tems-là les créneaux épais d'un pied : les embrasures des canons & des arbalettes étoient étroites au-dehors, & larges au-dedans ; enfin il y avoit mille défauts dont je ne parlerai pas, de peur de vous ennuyer : car quand les créneaux sont minces, il est aisé d'abattre une telle défense ; & les embrasures qui y sont faites sont bientôt toutes ouvertes. A présent les Français nous ont appris à faire les créneaux forts & larges, & les embrasures avec beaucoup d'ouverture par dedans, qui se rétrécit vers le milieu en s'élargissant encore depuis-là jusqu'au dehors. Ces précautions font que le canon de l'ennemi a peine de vous ôter cette défense. Les Français ont encore beaucoup de bons usages, sur lesquels nos gens n'ont point fait de réflexion, parce qu'ils ne les ont jamais vus. Entre ces bons usages sont ces coulisses en forme de grille qui sont de beaucoup meilleures que les vôtres ; car si vous avez des coulisses tout d'une piece comme les vôtres, lorsque vous les faites tomber, vous vous enfermez au-dedans, & vous ne pouvez rien faire au travers à votre ennemi, qui peut, ou avec un pétard, ou à coups de hache, l'enfoncer sans péril. Mais quand elle est faite comme une grille étant baissée, vous la pouvez défendre avec les lances, les arbalettes & autres sortes d'armes au travers des mailles qui y sont.

DELLA PALLA. J'ai vu en Italie une autre coutume ultramontaine, qui étoit de faire les rayons des affûts de canon courbés vers les moyeux. Je voudrois bien savoir pourquoi ils les font ainsi; car il me sembleroit qu'ils seroient bien plus forts si on les faisoit droits comme à nos roues ordinaires.

COLONNE. Ne vous imaginez pas que ce soit par caprice qu'on quitte les usages ordinaires; & si vous vous figurez que c'est pour l'ornement qu'on les fait ainsi, vous vous trompez : car quand il s'agit de force, l'on ne cherche pas l'embellissement; mais tout cela se fait, parce qu'ils sont plus forts & plus sûrs que les nôtres. En voici la raison. Quand l'affût est chargé, ou il porte également des deux côtés, ou il panche de l'un des deux. Quand il porte également, les deux roues ne sont pas plus chargées l'une que l'autre; & ainsi elles ne le sont pas beaucoup, parce que la charge est partagée justement en deux ; quand il panche d'un des côtés , alors toute la charge porte sur la roue du côté dont elle panche ; & si les rayons en sont droits , ils peuvent aisément plier ; car si la roue panche , il faut que les rayons panchent aussi , & qu'ils ne soutiennent plus la charge à plomp. Ainsi , quand l'affût marche droit & que les roues n'ont pas trop de charge , elles sont assez fortes ; mais quand l'affût panche , & que l'une des roues est plus chargée que l'autre , alors elles sont trop foibles. Il arrive tout le contraire aux affûts à la mode de France ; car l'affût penchant d'un côté , porte en ligne droite sur ces rayons qui étant courbés , viennent alors à faire comme s'ils étoient droits , & à soutenir vigoureusement toute la charge : mais quand l'affût marche & que les rayons sont courbés , ils ne portent que la moitié de la charge , & ils sont assez forts pour cela. Mais revenons à nos villes & à nos forteresses. Les Français , pour rendre les portes de leurs places plus sûres , & pour pouvoir faire aisément des sorties , & retirer leurs gens en tems de siége , ont outre les précautions ci-dessus , un autre usage dont je n'ai point encore vu d'exemple en Italie : c'est de dresser deux poteaux au-dehors du pont levis , & sur chacun de ces piliers ils font balancer une poutre, dont la moitié porte sur le pont levis, & l'autre moitié en dehors. Ensuite ces deux bouts de poutres qui portent en dehors, sont joints ensemble par un treillis de chevrons comme une grille, & aux bouts qui portent au-dessus du pont, ils attachent à chacun une chaîne. Quand donc ils veulent fermer le pont par le dehors, ils lâchent les chaînes, & laissent tomber toute cette moitié treillissée comme une grille; & quand ils le veulent ouvrir, ils tirent les chaînes à eux, & élevent ce treillis tant qu'un homme à pied y puisse passer dessous, & s'ils veulent, tant qu'un homme à cheval y puisse passer aussi; ensuite ils peuvent refermer le passage juste, ce treillis se haussant & se baissant comme les venteaux de nos créneaux (1). Cet usage est plus sûr que la coulisse, parce qu'il est plus difficile que l'ennemi empêche de fermer le passage; car ce treillis ne tombe pas en ligne droite comme une herse, qu'on peut aisément étanconner. Il faut donc que ceux qui voudront fortifier une place mettent en usage tout ce qu'on vient de dire : de plus, il faudroit laisser au moins un bon quart de lieue autour des fortifications où l'on ne bâtit ni ne plantât; mais

______

(1) *Voyez les Remarques*, ou *l'Avis du Traducteur.*

qu'on fît de ce terrein comme une pleine unie, où l'on ne laisseroit rien qui bornât la vue, & qui pût épauler l'ennemi lorsqu'il seroit campé. Remarquez encore qu'une place dont les fo sés de dehors ont leurs douves plus hautes que le terrein ordinaire est fort aisée à prendre; car elles couvrent l'ennemi qui vous attaque sans vous mettre à couvert contre lui, puisqu'il peut les ouvrir aisément pour faire voie à son canon. Mais entrons dans la place. Je ne perdrai pas de tems à vous apprendre qu'outre toutes les précautions dont nous venons de parler, il faut encore avoir bonne provision de munitions de guerre & de bouche; car chacun sait que sans cela tout le reste est inutile. En général, il faut faire deux chos s, vous munir de tout ce dont vous avez besoin, & empêcher que l'ennemi ne tire rien de votre pays. C'est pourquoi il faut faire le dégât de tout le béta l, le grain & le fourage que vous ne pouvez pas mettre à couvert. Un gouverneur de place doit encore pourvóir à ce qu rien ne se fasse avec bruit & dans la co fusion, & faire ensorte que quelque chose qui arrive, chacun sache ce qu'il a à faire. Il faut donc que les femmes, les vieillards, les infirmes & les gens inutiles, se tiennent enfermés au-dedans, & laissent la place libre aux gens vigoureux

vigoureux & jeunes, qui étant bien armés, doivent être postés pour la défense, les uns aux fortifications, les autres aux portes, les autres dans les places de la forteresse, afin d'être préts à remédier aux inconvéniens qui pourroient survenir au-dedans. Il faut qu'il y en ait encore qui ne soient destinés pour ancune fonction particuliere, mais qu'ils soient toujours en état de secourir tout ce qui en pourroit avoir besoin. Les choses étant ainsi établies, il seroit difficile qu'il survînt quelque désordre capable de vous troubler. Je veux que vous remarquiez encore avec soin que quand il est question de prendre ou de défendre une place, il n'y a rien qui donne plus d'espérance à l'ennemi d'en pouvoir venir à bout, que lorsqu'il sait qu'elle n'est pas accoutumée d'en voir; car souvent la seule appréhension fait rendre les places sans mettre leurs forces à l'épreuve. Il faut donc lorsqu'on veut assiéger une place de cette nature, imprimer autant de terreur & d'épouvante qu'il est possible. Il faut aussi, d'autre part, que celui qui est attaqué mette du côté qu'on l'attaque des gens vigoureux, qui n'aient pas peur des paroles; car si le premier coup ne fait que blanchir, les assiégés reprennent courage, ce qui oblige l'assiégeant à ne fonder ses espérances que sur la valeur, & non pas sur le bruit. Les armes dont les anciens défendoient leurs places , étoient de bien des sortes. Ils se servoient d'arbalettes de plusieurs especes (1) , de frondes , &c. Ils en avoient aussi de bien des façons pour attaquer ; par exemple , des béliers, des tours, des mantelets, des gabions, des faulx , des tortues, &c. Au-lieu de tout cela , l'on a aujourd'hui les armes à feu qui servent également & aux assiégeans & aux assiégés ; c'est pourquoi je ne m'étendrai pas là-dessus. Mais revenons à notre sujet, & parlons des attaques particulieres. Il faut se donner bien de garde d'être pris par la famine ou d'assaut. Pour la famine , on a dit qu'avant d'être assiégé il faut faire de bonnes provisions : mais lorsque par la longueur du siége elles viennent à manquer , on a quelquefois vu des moyens extraordinaires d'en être pourvu par les amis ; sur-tout s'il passe une riviere dans le milieu de la ville. C'est ce que firent les Romains à Casaline , une de leurs forteresses qui étoit assiégée par Annibal; car ne pouvant pas envoyer aux assiégés par la riviere d'autre sorte de provision , ils y jetterent grande quantité de noix qui nageant sur l'eau , arriverent dans la ville , & la firent subsister

––––––––––––––––––––

(1) *Voyez les Remarques ,ou l'Avis du Traducteur.*

long-tems. Il s'est trouvé des gens assiégés, qui pour faire voir qu'ils avoient du bled de reste, & pour faire perdre l'espérance à leurs ennemis de les prendre par famine, ont jetté du pain par-dessus les murailles, ou ont fait manger à un bœuf beaucoup de grain & l'ont laissé prendre, afin qu'après l'avoir tué & avoir vu qu'il étoit rempli de grain, l'ennemi pût se persuader facilement qu'il y avoit une grande abondance dans une ville dont les bêtes étoient si bien nourries. D'autre côté, plusieurs grands capitaines se sont servi de diverses adresses pour incommoder l'ennemi. Fabius laissa faire les semailles dans la Campanie, afin de leur faire diminuer par-là leur provision de bled. Denis assiégeant Reggio, fit semblant de vouloir faire la paix avec eux, & durant la négociation, il se faisoit fournir des vivres ; mais quand il les eût épuisés de cette maniere, il les resserra de près & les affama: Alexandre-le-Grand voulant prendre Leucade, s'empara de tous les forts d'alentour, & obligea tous ceux qui étoient dedans à se retirer dans la ville où la foule croissant, il l'eût bien-tôt affamée. Pour ce qui regarde les assauts, nous avons dit qu'il faut se garder de cette premiere furie avec laquelle. les Romains ont si souvent remporté tout d'un coup plusieurs places, en

donnant un assaut général & par tous les endroits,
comme fit Scipion quand il emporta Carthagene
en Espagne ; car si vous soutenez bien ce premier
assaut , il est difficile après cela de venir à bout
de vous. Et quand même l'ennemi ayant forcé
les murailles , seroit déjà dans la ville, les habitans ne laissent pas d'avoir encore quelque ressource , s'ils ne s'abandonnent pas eux-mêmes ;
car on a vu bien des fois des armées déjà entrées
dans des places qui ont été repoussées & fort
mal traitées. Pour y réussir il faut que les habitans
fassent ferme sur les hauteurs , dans les maisons
& dans les tours , & combattent de-là l'ennemi.
Mais ceux qui sont entrés ont souvent cherché
les moyens de surmonter ces difficultés; ce qu'ils
ont tâché de faire en deux manieres : l'une en
ouvrant les portes, afin de donner lieu aux habitans de pouvoir fuir en toute sûreté : l'autre
de faire courir un buit qu'on ne fera du mal qu'à
ceux qu'on trouvera les armes à la main ; mais
que l'on fera bon quartier à ceux qui les met-
tront bas. Cette conduite a facilité la prise de
bien des villes. Il est encore aisé d'emporter une
pla e, si vous tombez dessus à l'improviste. On
y réussit, l'orsqu'étant éloigné avec votre armée ,
les ennemis ne peuvent s'imaginer que vous ayez
dessein d'entreprendre une telle attaque , ou même

que vous soyez en état de le faire sans qu'on en ait le vent , vu l'éloignement où vous êtes : ainsi vous l'emporterez presque infailliblement si vous l'entreprenez avec bien du secret & beaucoup de diligence. Je ne parle qu'avec peine des choses arrivées en nos jours ; car de parler de moi & des miens , je ne le pourrois faire sans m'exposer à en être blâmé ; & de parler des autres , je sais ce que j'en pourrois dire. Je ne peux pourtant pas m'empêcher à ce propos de rapporter l'exemple de César Borgia , qu'on appelle le duc de Valentinois qui se trouvant à Nocéra avec ses gens , & feignant d'aller ravager Camerino , se tourna tout d'un coup vers l'état d'Urbin , & s'empara sans peine & dans un seul jour , d'une principauté, qu'en un autre tems il auroit eu beaucoup de peine à conquérir avec bien du tems & de la dépense. Il est encore fort nécessaire que ceux qui sont assiégés se gardent bien des ruses & des fourberies de l'ennemi. C'est pourquoi ils ne doivent point faire de fond sur une chose qu'ils lui voient faire continuellement ; mais qu'ils aient toujours dans l'esprit que c'est pour les tromper , & qu'il pourra bien la changer à leur préjudice. Domitius Calvinus assiégeant une place , prit pour coutume d'en faire tous les jours le tour avec une bonne partie de ses troupes. Les habitans se figurant qu'il le faisoit par maniere d'exercice, se négligerent sur les gardes, dont lui s'étant apperçu, leur livra l'assaut & les emporta. Quelques généraux ayant su qu'il venoit du secours aux assiégés, ont fait habiller de leurs gens & prendre des enseignes comme les ennemis ; & sous cette figure étant reçus dans la place, ils s'en sont rendus maîtres. Cimon, capitaine Athénien, mit pendant la nuit le feu à un temple d'une ville qu'il vouloit prendre, & les habitans allant pour l'éteindre, laisserent la place à la discrétion des assiégeants. Quelques-uns, après avoir tué des coureurs ennemis, en ont fait prendre les habits à leurs soldats qui étant entrés dans la ville, l'ont livrée à ceux qui les y avoient fait entrer. Les anciens capitaines ont inventé encore plusieurs autres moyens pour faire dégarnir des places de leurs garnisons, afin de les pouvoir prendre plus aisément. Scipion étant en Afrique, & voulant prendre quelques châteaux où les Carthaginois avoient mis garnison, feignit plusieurs fois de les vouloir prendre, & ensuite il feignit aussi d'avoir peur des troupes qui y étoient, & par conséquent, qu'il falloit, non-seulement renoncer à ce dessein, mais même se retirer : ce qu'Annibal s'imaginant être sa véritable pensée, afin de poursuivre son ennemi avec plus d'avantage , il tira toutes ces garnisons-là : dont Scipion s'étant apperçu , il y envoya Massin'ssa qui commandoit sous lui pour s'en emparer. Pirrus assiégeant la capitale de l'Esclavonie , où il y avoit une forte garnison, feignit de n'espérer plus de la pouvoir prendre ; & s'étant tourné vers les autres endroits , il fit ensorte que pour les secourir , cette ville-là se dégarnit de son monde & se mit en état d'être aisément emportée. Plusieurs ont empoisonné les eaux & détourné les rivieres pour prendre les villes ; ce qui n'a pas toujours réussi. On dispose encore les assiégés à se rendre en les épouvantant par le bruit qu'on fait courir que leurs gens ont été battus , ou que le camp est rafraîchi d'un nouveau renfort. Les anciens ont tenté aussi bien des fois de prendre des villes par intelligence, en gagnant quelqu'un dedans; mais ils ont employé pour cela différens moyens. Quelquefois ils ont envoyé de leurs confidents , qui sous couleur d'être transfuges, se sont acquis du crédit chez les ennemis , dont ils ont ensuite tiré avantage. Quelques-uns ont encore appris avec cette espece de transfuges, de quelle maniere l'ennemi fait ses gardes ; & avec cette connoissance on a trouvé moyen de prendre la place. D'autres ont embarrassé la porte , ou par des poutres , ou par des chariots qu'on y faisoit entrer sous quelque prétexte , ensorte que les assiégés ne la pouvant fermer, l'ennemi y est entré aisémeut. Annibal persuada au gouverneur d'un château des Romains de le lui livrer sous prétexte de sortir la nuit pour aller à la chasse. Cet homme donc feignant de n'oser sortir le jour à cause des ennemis , & retournant ensuite avec son gibier , il fit entrer beaucoup de Carthaginois avec lui, & ayant tué les soldats du corps-de-garde, il livra la porte à ce général. On trompe encore les assiégés en les tirant hors de leur ville & en les éloignant , lorsqu'ayant fait une sortie sur vous, vous faites feinte de lâcher le pied. Plusieurs même entre lesquels fut Annibal, les ont laissé se rendre maîtres de leur camp pour avoir occasion de les couper & de s'emparer de leur ville. D'autres trompent encore les assiégés en feignant de lever le siege , comme fit Formion, chef Athénien , qui ayant ravagé le pays de la Calcide , reçu ensuite leurs ambassadeurs par le moyen desquels il remplit la ville d'assurance & de belles promesses à l'ombre desquelles ces gens s'étant reposés avec peu de prudence , ils furent peu de tems après opprimés. Les assiégés doivent toujours s'assurer des gens suspects qui sont parmi eux; & souvent on y réussit autant par les bienfaits comme par la punition. Marcellus

sachant que Lucius Bancius de Nole étoit porté à
favoriser Annibal, il lui donna tant de marques
de bonté, & lui fit tant de largesses, que d'ennemi il s'en fit un très-grand ami. Il est nécessaire aussi que les assiégés soient encore bien
plus sur leurs gardes quand l'ennemi est loin que
quand il est fort près. Et ils doivent sur-tout
mettre en meilleure défense les lieux qu'ils croyent
les moins exposés aux attaques ; car on a bien
souvent perdu des places pour avoir été atta-
quées par les endroits où l'on ne s'attendoit pas.
Cette méprise vient de deux causes ; ou parce
que l'endroit est fort & passe pour inaccessible ;
ou parce que l'ennemi a l'adresse de donner avec
éclat une fausse allarme d'un côté, pendant qu'à
la sourdine il pousse vigoureusement sa pointe
de l'autre. Il faut donc que les assiégés usent
de grande précaution là-dessus, & qu'en tout
tems, mais sur-tout la nuit, ils fassent toujours
bonne garde autour de leurs fortifications : à quoi
ils doivent, non-seulement employer des gens,
mais aussi des chiens qui soient très-méchans &
très-vigoureux ; car de l'odora ils éventeront l'ennemi, & de l'abboy ils le feront découvrir. Mais
ce n'est pas seulement les chiens qui éventent
l'ennemi, de simples oyes ont quelquefois em-
pêché une place d'être emportée par surprise,

comme cela s'est vu à Rome lorsque les Gaulois assiégeoient le Capitole. Alcibiade voulant s'assurer si toutes les sentinelles faisoient bien le guet pendant que les Lacédémoiens assiégeoient Athene, ordonna sous des peines, que toutes les fois qu'il éleveroit une lumiere la nuit, toutes les sentinelles en fissent autant. Isicrate, chef Athénien, trouvant une sentinelle endormie, la tua, disant qu'il l'avoit laissé comme il l'avoit trouvé. Les assiégés ont trouvé aussi plusieurs moyens pour faire savoir de leurs nouvelles à leurs amis, ce que ne pouvant pas faire par des ambassadeurs, ils écrivoient des lettres en chiffres, qu'ils faisoient après cela tenir par plusieurs voies secrettes. Les chiffres dépendent de la maniere dont on convient les uns avec les autres ; les moyens de les faire rendre secrettement sont différens. Les uns ont écrit dans le foureau d'une épée. D'autres ont mis les lettres dans un pain non encore cuit ; puis l'ayant fait cuire, ils le donnoient pour servir de provision à celui qui se chargeoit du message. Dautres les ont cachées dans les endroits les plus secrets de leurs corps. Quelques-uns les ont cousues dans le colier d'un chien qui appartenoit à l'homme qu'on faisoit couler au travers des ennemis. On s'est aussi avisé quelquefois d'écrire dans une lettre des choses communes, & entre les lignes on écrivoit ses secrets avec de certaines eaux qui paroissoient en les mouillant ou en les montrant au feu. Cette derniere invention a été pratiquée très-adroitement dans nos jours, où une personne voulant faire savoir à ses amis, enfermés dans une place, des choses secrettes qu'elle ne vouloit confier à qui que ce soit, elle leur adressoit des actes d'excommunication écrits dans la forme ordinaire, & entre les lignes elle mettoit ce qu'elle vouloit qu'on sût ; & elle ordonnoit aux gens établis pour cela de les afficher aux portes des églises, qui ensuite étant reconnues & entendues par ceux qui avoient le secret, ils les faisoient détacher pour les déchiffr r. Cette méthode est très-fine ; car celui qu'on en charge peut n'y entendre point finesse, & il ne court aucun risque. Enfin il y a une infinité de ces sortes de ruses que chacun peut apprendre ou inventer : mais il est plus aisé d'écrire aux assiégés qu'à eux de vous écrire ; car ils ne peuvent vous faire savoir de leurs nouvelles que par quelque soldat qui contrefait le déserteur, ce qui est incertain & dangereux quand l'ennemi est un peu rusé. Mais ceux qui écrivent aux assiégés peuvent, sous différens prétextes, faire entrer un homme dans le camp des assiégeants, & à la premiere occasion il se fourre dans la place.

PARLONS un peu à présent de la maniere de prendre aujourd'hui les villes. Je dis donc que si vous êtes battu dans une place où il n'y ait point de fossé par le dedans comme nous avons dit ci-devant, & si vous ne voulez pas que l'ennemi y entre par la brêche que son canon y aura faite, il faut pendant que l'on bat cet endroit-là, que vous fassiez une trenchée derriere, large au moins de trente pas, en faisant le jet de toute la terre que vous en pourrez tirer du côté de la ville, afin que la trenchée en soit par ce moyen plus profonde; mais il faut y faire travailler avec tant de diligence, que lorsque la brêche sera faite, votre trenchée soit profonde au moins de dix ou douze pieds; & pendant qu'on la fait, il faut le flanquer par les deux bouts de deux bonnes casemattes. Car quand la muraille est assez forte pour tenir tout le tems qui est nécessaire pour achever cet ouvrage, alors cet endroit-là est plus en défense que tout le reste, parce que cette trenchée a entierement la forme que nous avons établie pour le fossé du dedans. Mais si votre muraille est trop foible pour vous donner le tems de faire tout cela, c'est alors qu'il faut faire voir votre bravoure & vous opposer aux ennemis qui montent à la brêche, avec tout ce que vous avez de gens en état de faire résis-

tance. Les Pisantins pratiquerent cette maniere
de se retrancher lorsque vous les allâtes assiéger;
ce qu'ils pouvoient aisément faire , parce que
leurs murailles étoient assez bonnes pour résister
long-tems, & que d'ailleurs leur terrein est solide
& pro‚re à élever & à faire des remparts ; car
s'ils n'eussent pas eu ces avantages , ils étoient
perdus. Il sera donc toujours bon de se précautionner de bonne heure en faisant un fossé par
le dedans de la place , qui aille tout à l'entour ,
comme nous l'avons établi tantôt; car en tel cas
vous attendez l'ennemi en repos & en sûreté,
vos retranchemens se trouvant déjà tout faits.
Les anciens prenoient quelquefois les villes par
des chemins souterrains en deux manieres : ou
bien ils faisoient un chemin caché, qui aboutissoit
dans la place , & qui leur servoit de porte pour
y entrer; & c'est ainsi que les Romains prirent
la ville des Vejentins : ou bien avec les mêmes
mines qu'ils faisoient sous le mur , ils le faisoient
tomber. Cette derniere méthode se fait aujour-
d'hui plus promptement & plus violemment; c'est
ce qui rend les places sur les hauteurs moins
fortes, parce qu'il est plus aisé de les miner ; &
lorsqu'on a chargé la mine de poudre, qui prend feu
en un moment , non-seulement vous faites sauter
la muraille , mais vous fendez les rochers , & les

citadelles mêmes s'entr'ouvrent en plusieurs endroits. Pour prévenir ces inconviens, il faut bâtir les places dans les plaines, & faire vos fossés si profonds, que l'ennemi ne puisse pas miner plus bas sans trouver l'eau qui est le seul remede contre les mines. Si donc votre place est sur une éminence, vous ne pouvez faire autre chose que de creuser bien des puits dans vos fortifications qui feront éventer les mines qu'on y fera. Il y a encore un autre expédient qui est de contreminer, pourvu que vous puissiez découvrir l'endroit ou l'on vous mine. Cette précaution est très-bonne ; mais il est difficile de découvrir les endroits qu'on mine, si vous avez affaire à un ennemi rusé. Il faut sur-tout que les assiégés prennent bien garde de n'être point surpris dans un tems qui paroît de repos, comme après un combat après qu'on a monté la garde qui est ordinairement le matin à la pointe du jour, & le soir entre chien & loup, mais sur-tout quand les gens repaissent ; car c'est dans ce tems-là qu'on a pris bien des places, & que les assiégés ont souvent aussi surpris & endommagé des armées. Il faut donc de part & d'autre être toujours bien sur ses gardes & tenir une bonne partie des gens en même-tems sous les armes. Je ne veux pas oublier de vous dire que ce qui rend

une place, ou un camp difficile à garder, c'est
que vous étes obligé de partager toutes les forces
que vous y avez ; car l'ennemi pouvant vous attaquer par où il lui plaît, il faut sur-tout que
vous soyez bien sur vos gardes par-tout, & que
vous souteniez toutes ses forces avec une partie
des vôtres. De plus, un assiégé est souvent en
risque de périr sans ressource, & l'assiégant n'a
à craindre que d'être repoussé. C'est pour cela
qu'il s'est rencontré quelquefois des gens assiégés,
qui bien que moins forts, sont sortis de leurs
retranchemens tous à-la-fois, & ont battu leur
ennemi. Marcellus en usa ainsi à Nole, & César
dans les Gaules, où voyant que son camp étoit
attaqué par une grande quantité d'ennemis, &
qu'il ne pouvoit le défendre à cause qu'il falloit
partager ses troupes ; d'ailleurs, demeurant dans
ses retranchemens, il ne pouvoit pas donner for-
tement sur eux ; il sortit avec tous ses gens par
une ouverture qu'il fit à son camp, & donnant
vigoureusement avec tout son monde sur les
Gaulois, il les défit par cette adresse. La fermeté
& la patience des assiégés ennuient quelquefois
& étonnent les assiégeans. Pompée ayant en tête
César, dont l'armée souffroit une grande disette,
on alla lui présenter du pain que les troupes de
César mangeoient, qui étoit d'herbes, ce qu'il

défendit fort de faire voir à ses soldats pour ne les pas épouvanter en voyant à quelles sortes de gens ils avoient affaire. Rien n'acquit tant de gloire aux Romains que la constance qu'ils firent voir dans la guerre qu'ils eurent contre Annibal ; car quelque adversité & quelques désavantages qu'ils eussent, jamais ils ne demanderent la paix, ni ne donnerent jamais aucune marque d'épouvante. Au contraire, pendant qu'Annibal étoit aux environs de Rome, les terres où il étoit campé furent vendues plus cherement qu'elles ne l'auroient été dans un tems ordinaire. Ils furent d'ailleurs si attachés à leurs entreprises, qu'ils ne voulurent jamais lever le siége de devant Capoue pour venir secourir Rome, qu'Annibal tenoit assiégée pendant qu'ils faisoient ce siége là. Je sais bien que je vous ai entretenus de plusieurs choses que vous auriez pû savoir de vous-mêmes, & qui vous seroient venues dans l'esprit aussi bien qu'à moi : cependant je l'ai fait comme je vous ai déjà dit, afin de vous faire mieux voir les utilités de cet exercice militaire, & afin aussi de satisfaire ceux qui n'auroient pas eu le moyen de l'entendre comme vous. Il me semble à présent que je n'ai plus rien à vous dire que quelques maximes générales qui vous sont très-connues, & que voici. Ce qui sert à

votre

votre ennemi vous nuit, & ce qui vous sert nuit aussi à votre ennemi. Celui qui dans la guerre est plus vigilant à découvrir les intentions de son ennemi, & plus propre à faire supporter à ses troupes les fatigues de l'exercice, ne courra pas tant de risque que lui, & aura plus lieu d'espérer la victoire. Ne menez jamais vos soldats à l'occasion si vous ne les avez un peu aguerris & reconnus braves & adroits à l'exercice; de plus, ne les présentez jamais à l'ennemi que lorsque vous les voyez dans l'espérance de vaincre. Il vaut mieux détruire son ennemi par la faim que par les armes qui sont journalieres; & dont le succès dépend souvent plus du caprice de la fortune que de la valeur. Vous ne pouvez rien faire de meilleur contre votre ennemi, que de lui cacher vos desseins jusqu'à l'exécution. Rien n'est meilleur à la guerre que de savoir bien connoître l'occasion & la prendre aux cheveux. La nature fait bien peu de braves, mais l'éducation & l'expérience en font beaucoup. La conduite est bien meilleure à l'armée que la furie. Lorsqu'il passe des gens de votre ennemi dans votre parti, pourvu qu'ils soient fideles, c'est une grande conquete; car les forces ennemies diminuent beaucoup plus par les transfuges que

par ceux qu'on peut tuer, quoique le nom de
transfuge soit bien suspect aux nouveaux amis,
& odieux aux anciens. Dans une bataille, il vaut
mieux mettre un gros renfort derriere la tête,
que pour lui donner plus de front, étendre trop
vos troupes. Il est difficile de battre un général
qui connoît bien ses forces & celles de l'ennemi.
La valeur des soldats fait beaucoup plus de bien
que la quantité. Les choses nouvelles & qui surviennent promptement, épouvantent les armées ;
mais elles font peu de cas des choses ordinaires
& lentes. C'est pourquoi vous devez faire connoître à vos gens un *ennemi nouveau* par quelques petites rencontres, devant que d'en venir
à un combat général. Celui qui marche en désordre après un ennemi, qu'il vient de mettre en
déroute, ne paroît point avoir d'autre intention,
que de se faire battre après avoir vaincu. Celui
qui ne fait pas bonne provision de munitions
de bouche sera vaincu sans qu'on y employe
la force des armes. Ceux qui font plus de fond
sur la cavalerie que sur l'infanterie, ou ceux qui
se fient plus à l'infanterie qu'à la cavalerie, doivent, selon ces différentes dispositions, prendre
bien leur terrein. Si vous voulez voir pendant
le jour s'il n'est point venu quelque espion

dans votre camp, vous n'avez qu'à commander à chacun d'aller dans sa tente. Changez de dessein si-tôt que vous avez apperçu que l'ennemi l'a éventé. Consultez les choses, que vous devez faire, avec bien des gens ; mais, pour celles que vous avez dessein d'exécuter en effet, conférez-en avec un très-petit nombre. On retient les soldats dans l'ordre par la crainte & par le châtiment, tant qu'ils sont en garnison ; mais, en campagne, vous ne les retenez que par l'espérence & la récompense. Un bon général n'en vient jamais aux mains, si la nécessité ne l'y oblige, ou si l'occasion ne l'y convie. Tâchez que votre ennemi ne sache point quelle ordonnance vous donnerez à votre armée pour la bataille ; mais de quelque maniere que vous la disposiez, faites toujours ensorte que les premiers corps puissent être reçus dans les seconds & dans les troisiemes. Dans la mêlée n'employez jamais un bataillon qu'à ce que vous l'aviez auparavant destiné, à moins que vous ne vouliez tomber dans le désordre. Il faut beaucoup de peine pour remédier aux accidens imprévus ; mais pour les autres, rien n'est si aisé. Les hommes, les armes, l'argent, & les munitions font le nerf de la guerre ;

N 2

mais les deux premieres choses sont les plus
nécessaires ; car, des hommes avec des armes
font bien trouver de l'argent & des munitions ;
mais de l'argent & des provisions ne font pas
toujours trouver des hommes & des armes.
L'homme qui vit en paix, & qui est riche,
doit contribuer pour la récompense du pauvre
soldat. Accoutumez vos soldats à mépriser la
bonne chere & les beaux habits. Voilà en
général, ce qui me vient dans l'esprit à vous
dire. Je sais pourtant, que dans tous ces discours-ici on auroit pu ajouter beaucoup de
choses ; comme par exemple, en quelle façon,
& de combien de manieres, les anciens disposoient leurs troupes; comment ils les habilloient,
comment ils s'occupoient hors des factions &
de l'exercice militaire, & beaucoup d'autres
particularités, dont je n'ai pas trouvé à propos
de vous entretenir, tant parce que vous pouvez
les voir vous-mêmes chez les auteurs, que parce
que je n'ai pas eu intention de vous instruire
justement de toutes les manieres de l'ancienne
milice, mais seulement de vous faire voir comment on pourroit faire en ce tems-ici des troupes
de meilleur service, que celles que nous avons.
Ainsi, je n'ai pas cru devoir parler des anciens,

qu'autant qu'il étoit nécessaire pour l'instruction présente. Je sais que j'aurois du m'étendre davantage sur la cavalerie, & ensuite parler de la marine ; parce que qui distingue la milice, la distingue d'ordinaire en armées navales, & en armées de terre ; en infanterie, & en cavalerie. Pour la marine, je n'entreprendrai pas d'en parler, puisque je n'en ai aucune connoissance ; mais il faut laisser parler aux Génois & aux Vénitiens, qui s'étant attachés à cette sorte de guerre, y ont fait autrefois de si grandes choses. A l'égard de la cavalerie, je n'en dirai pas davatantage que ce que j'en ai dit ci-dessus, parce que, comme je l'ai dit, cette partie de la milice n'est pas si gâtée que l'autre : outre cela, quand l'infanterie est une fois sur le bon pied, ce qui est alors le nerf de la guerre, on ne peut pas qu'on ne fasse de bonne cavalerie. J'avertirai seulement d'une chose ceux qui voudroient faire des milices d'ordonnance dans leur pays, qui est, que, pour faire de la cavalerie, ils eussent soin de deux choses : l'une, de peupler leurs pays de bonne race de chevaux, & d'accoutumer les gens à faire trafic de poulains, comme on fait ici de veaux & de jeunes mulets ; &

afin que celui qui en auroit fait emplette trouvât
à s'en défaire, je défendrois à qui que ce fût
d'avoir un mulet, s'il n'avoit un cheval avec :
ainsi, celui qui ne voudroit qu'une monture
seroit obligé d'avoir un cheval ; de plus, qu'il
n'y auroit que ceux qui auroient des chevaux
qui pussent s'habiller d'étoffe de soie. J'ai appris,
qu'un prince de notre tems, ayant établi cet
ordre, trouva bien-tôt son pays rempli de fort
bonne cavalerie. Pour les autres choses qui regardent les cavaliers, je vous renvoie à tout
ce que je vous en ai dit aujourd'hui, & à
l'usage reçu. Vous souhaiteriez peut-être à présent d'apprendre quelles qualités doit avoir un
général. Je vais vous satisfaire en peu de mots,
parce que je ne pourrois pas choisir un autre
homme, que celui qui sauroit faire tout ce que
nous avons dit jusqu'ici ; & tout cela ne suffiroit pas encore, si de lui-même il ne pouvoit
trouver d'autre choses, dont nous n'avons point
parlé : car un homme, qui n'est pas inventif,
ne peut jamais être un grand homme dans sa
profession ; & si les nouveaux expédiens font
de l'honneur par-tout ailleurs, on peut dire que
dans le sujet, dont il s'agit, ils vous comblent
de gloire. On voit même que les historiens font

l'éloge des plus petites découvertes dans le métier des armes ; comme lorsqu'Alexandre-le-Grand, pour décamper à la sourdine, ne faisoit point sonner le boute-selle par les trompettes, mais faisoit mettre pour signal un chapeau au bout d'une lance. On le loue encore d'avoir donné ordre à ses soldats de mettre le genouil gauche en terre en commençant le combat, afin de soutenir plus fermement l'attaque de l'ennemi ; ce qui lui ayant fait remporter la victoire, lui acquit en même tems tant de gloire, que les statues, qu'on lui érigioit, étoient toutes dans cette posture. Mais parce qu'il est tems de finir ce discours, je veux revenir à l'endroit d'où je suis parti, & par-là j'éviterai une partie de la peine qu'on impose en ce pays, à ceux qui ne retournent pas chez eux. S'il vous en souvient bien, Monsieur Rucellai, vous m'avez demandé dès le commencement d'où venoit, qu'étant, d'un côté, admirateur de l'antiquité, en blâmant ceux qui, dans les grandes choses, ne la prenoient pas pour modèle ; & que, de l'autre, m'étant fort attaché au métier des armes, je ne l'avois imitée en rien de ce qui regarde cette profession : à quoi je vous ai répondu, que les gens, qui vouloient entreprendre une chose, devoient se disposer aupa:avant à la savoir faire , pour s'en bien acquitter ensuite dans l'occasion. Je vous prens pour juges à présent que vous m'avez entendu sur ces matières, si je pourrois bien mettre la milice sur le pied des anciens, ou non. Ceci doit vous faire voir combien j'ai fait de réflexions sur ce sujet. Je crois même que vous êtes assez persuadés de la passion que j'aurois de mettre tout cela en pratique ; ainsi, vous pouvez bien juger si j'ai jamais pu le faire, ou s'il s'en est présenté l'occassion. Cependant , pour vous en convaincre mieux , & tme justifier encore davantage , je veux vous en faire voir les occasions , afin de vous tenir en partie ce que j'ai promis de vous démontrer , à savoir les facilités & les difficultés qu'on trouveroit à présent à vouloir faire des armées sur ce pied-là. Je dis donc, qu'il n'y rien dans le monde si aisé à remettre sur l'ancien pied , que la milice ; mais seulement pour un prince, qui pourroit opposer à son ennemi une armée de quinze ou vingt-mille jeunes gens de ses sujets. D'autre côté, rien ne seroit si difficile, que cette entreprise, à ceux qui n'auroient pas cet avantage. Mais afin que vous compreniez mieux ceci, il faut que vous sachiez qu'il y a dans le monde deux espèces de généraux qui ont de la réputation. Les uns sont ceux qui, avec une armée bien disciplinée, ont fait de grandes choses ; comme -ont été les bourgeois de Rome & d'autres républiques, qui ont commandé des armes, dont ils ne devoient prendre d'autre soin, que de les entretenir dans leur bonté, & de les conduire sûrement. L'autre espèce de généraux, sont ceux qui ont eu premierement à vaincre leurs ennemis ; mais, devant que d'en venir-là, il a fallu qu'ils aient bien formé & bien discipliné leurs armées : & ceux-là méritent assurement plus de louange, que ceux qui, avec les armées anciennes, & bonnes d'elles-mêmes, ont fait de belles actions. On peut mettre au nombre de ces derniers, *Pélopidas*, *Epaminondas*, *Tullus Hostilius*, *Philippe de Macédoine*, *pere d'Alexandre*, *Cyrus*, *Roi des Perses*, & *Gracchus Romain*. Tous ceux-ci ont eu d'abord à former & à dresser leurs armées pour s'en servir ensuite ; ce qu'ils purent bien faire, tant par leur prudence, que par la disposition qu'ils trouvoient dans les gens à bien apprendre ces exercices-là : & jamais il n'auroit été possible

qu'aucun de ces grands hommes , quoique rem-
plis de mérite , eût pu faire quelque chose de
bon dans un pays étranger , plein de canaille
toute corrompue , & qui n'est soumise à aucune
honnête obéissance. Il ne suffit donc pas en
Italie de savoir commander une armée déjà toute
formée ; mais , il faudroit d'abord la savoir faire
& la discipliner ; puis la savoir commander. Or ,
pour en venir à bout, il faudroit que cela fût
entrepris par les princes qui ont assez d'états & de
peuples pour cela ; & c'est ce que je ne peux pas
faire moi, qui n'ai jamais commandé, & qui ne peux
commander en effet que des armées étrangeres ,
& obligées à d'autres qu'à moi. Je vous laisse
à juger après cela , s'il est possible d'y intro-
duire toutes les bonnes choses dont je vous ai
entretenus aujourd'hui. Quand est - ce que je
pourrois faire porter à un de nos soldats plus
d'armes qu'à l'ordinaire , & outre ses armes ,
des munitions de bouche pour deux ou trois
jours , & une pioche pour remuer la terre ?
Quand est-ce que je pourrois l'obliger à ce travail , les tenir tous les jours sous les armes ,
pendant plusieurs heures , à l'exercer dans une
guerre feinte , pour le former & m'en prévaloir dans la véritable ? Quand est-ce qu'on vien-

droit à bout de faire quitter, à des gens de cette nature, le jeu, la débauche, les blasphêmes, & les insolences, qu'ils font depuis le matin jusqu'au soir? Quand est-ce qu'on les rendroit assez disciplinés & assez soumis, pour qu'il ne touchassent point à un arbre chargé de fruits, qui se trouveroit au milieu du camp, comme on lit qu'il est arrivé plusieurs fois chez les anciens? Avec quelles promesses attirerai-je leur respect, leur amitié, & leur crainte, puisque, dès que la guerre est finie, ils n'ont plus aucune relation avec moi? De quoi leur ferai-je honte, puisqu'ils sont nés & élevés sans honneur? Pourquoi me respecteront-ils, puisqu'ils ne me connoissent pas? Par quelle divinité, ou par quels saints, les ferai-je jurer? Est-ce par ceux qu'ils adorent, ou par ceux qu'ils blasphêmen t? Je ne sçai pas s'ils en adorent aucun, mais je sais bien qu'ils les blasphêment tous. Comment croirai-je qu'ils tiendront leur serment à un Dieu, dont ils parlent à tous momens avec indignité? Et comment, méprisant Dieu, peuvent-ils respecter les hommes? Quelle bonne forme pourroit-on donc donner à une telle matiere? si vous m'alléguez que les Suisses & les Espagnols ont une assez bonne discipline; je ne

vous nierai pas qu'ils surpassent de beaucoup
les Italiens : mais si vous faites réflexion sur ce
que je vous ai dit, & sur leur méthode, vous
verrez qu'il leur manque bien des choses pour
arriver à la perfection des anciens. A l'égard des
Suisses, leurs regles sont assez bonne par un
certain usage naturel, devenu de ce que je vous
ai dit, qu'ils n'avoient point de cavalerie ; mais
les Espagnols sont devenus de bonnes troupes
par nécessité, parce que, combattant dans un
pays étranger, ils ont vû qu'il falloit vaincre
ou mourir ; & ainsi, ne voyant point de lieu
à la fuite, ils sont devenus braves malgré eux.
Mais ce qu'ils ont de bon est accompagné de
bien des défauts, n'ayant, en effet, de bon,
que la maxime d'attendre l'ennemi jusqu'à la
portée de la pique & de l'épée. Et pour ce
qui leur manque, il n'y a personne capable de
leur enseigner, sur-tout, s'il ne parle pas leur
langue. Mais revenons à nos Italiens, qui n'ayant
point eu de princes prudens, n'ont point pris
ce que les autres ont de bon dans la discipline
militaire ; & n'ayant été contraints par aucune
nécessité, ils ne s'y sont pas formés deux-mêmes :
desorte que les voilà demeurés l'opprobre du
genre-humain. Mais, ce n'est pas la faute des

peuples ; il ne s'en faut prendre qu'à leurs princes, qui en ont été assez bien châtiés, portant la peine due à leur ignorance, en perdant lâchement leurs Etats, & sans donner la moindre marque de résolution. Voulez - vous voir si ce que je vous ai dit est vrai ? Regardez combien il y a eu de guerres en Italie depuis l'expédition de Charles VIII. jusqu'à présent ; & au lieu que les guerres rendent les peuples braves, & leurs acquierent de la réputation, toutes celles - ci, au contraire, plus elles ont duré, plus elles ont été cruelles, & plus elles ont fait mépriser, & nos généraux, & nos troupes. Il faut bien que cela vienne de ce que la conduite ordinaire n'est pas bonne, & de ce qu'il ne s'est trouvé personne qui ait su proter des manieres nouvelles. Après-tout, ne croyez pas que jamais les Italiens rétablissent leur réputation dans le métier des armes, que par la méthode que je vous ai enseignée, & par le secours de ceux d'entre nos princes qui possedent des Etats considérables. Car, il est aisé de former, sur le pied que je vous ai dit, des hommes simples, grossiers, & qui sont de vos sujets ; mais il n'est pas aisé d'y mettre des fripons, des gens mal disciplinés, & des étrangers, puisqu'il est vrai, que vous ne trouverez jamais un

bon sculpteur qui puisse faire une belle statue
d'une mauvaise ébauche ; mais , il en fera fort
bien une d'une piece de marbre toute brute. Nos
princes Italiens , devant que d'avoir tâté de la
guerre que font les ultramontains , s'imaginoient
que c'étoit assez à un souverain de savoir
mettre par écrit une réponse bien prudente &
bien pensée ; faire de belles lettres ; faire
paroître de l'esprit & de la vivacité dans de
bons mots & dans la conversation ; savoir bien
conduire une fourberie ; se parer de dorure &
de pierreries ; être logés & se traiter plus splen-
didement que les autres ; passer le tems aux débauches de la galanterie ; gouverner ses sujets
avec orgueil & avec avarice ; croupir dans l'oi-
siveté ; distinguer les emplois de la milice ; mé
priser les gens qui leur voudroient faire prendre
une conduite honnête ; prétendre que leurs paroles fussent des réponses d'oracles. Mais les
malheureux qu'ils étoient , ils ne s'appercevoient
pas que , par cette conduite , ils se disposoient
à devenir la proie de ceux qui viendroient les
attaquer. De-là vint qu'en 1494. les François
remplirent tout d'épouvante , mirent tout en déroute , & firent des conquétes surprenantes ; &
ainsi , trois Etats très-puissants en Italie ont été

bien des fois saccagés & désolés. Mais, ce qu'il y a de pire en ceci, c'est que ce qui reste de princes libres vivent dans le même abus & dans les même désordres, et ne veulent pas faire reflé-xion sur ce que ceux qui vouloient aurrefois con-server leur états, pratiquoient tout ce dont je viens de vous entretenir, mettant toute leur ap-plication à s'endurcir le corps à la fatigue, et à se mettre le cœur au-dessus de la crainte et du péril. De-là vient que César Alexandre, et tous ces autres grands princes, se trouvoieut en personne, les armes à la main, dans les premiers rangs ; met-toient même pied à terre, quoique chargés d'ar-mes ; et si quelques-uns avoient le malheur de perdre eurs états, ils ne vouloient pas survivre à cette infamie. Ainsi leur vie et leur mort étoient toujours glorieuses : car encore que quelques-uns d'entr'eux puissent être accusés de trop d'ambi-tion, au moins ne pourra-t-on pas leur reprocher aucune molesse, ni de s'être jettés dans les plaisirs qui rendent les hommes délicats et efféminés. Si nos princes lisoient, et étoient persuadés de tout cela, il seroit impossible qu'ils ne changeassent pas leur train de vie, et que leurs peuples, par conséquent ne sortissent de leurs miseres. Mais parce que dès le commencement de ces discours,

vous vous êtes plaints de vos milices réglées , je
vous dirai , que si vous les avez mises sur le pied
que je viens de vous marquer , et que vous n'en
ayez pas eu de satisfaction, vous avez juste sujet de
vous en plaindre ; mais si elles ne sont pas for-
mées & exercées comme nous avons dit , c'est à
elles à se plaindre de vous , qui n'avez fait qu'un
avorton , au lieu d'une production parfaite. Les
Vénitiens aussi , et le duc de Ferrare avoient commencé ce bon établissement, sans avoir le courage
de le pousser jusqu'au bout ; mais c'est leur faute,
et non pas celles de leurs gens. Pour moi je soutiens que le premier prince d'Italie, qui pratiquera
cette méthode , sera en état plus qu'aucune autre
puissance , de conquérir les autre états ; et il arrivera au sein ce qui arriva au royaume de Macédoine lorsqu'il tomba entre les de Philippe , qni
avoit si bien appris le métier des armes sous la
conduite d'Epaminondas général de Thébains ,
que tout le reste de Gréce croupissoit dans loisi-
veté , passant son tems à aller à la comédie , ce
monarque devint par cette belle discipline si puissant, qu'en peu de tems il soumit tout ce beau
pays et ouvrit le chemin de la conquéte de l'u-
nivers à son fils Alexandre - le - Grand. Tous
ceux donc qui négligeront ces avis et ces remarques

marques, que je vous donne marqueront avoir peu de soin des états qui seront confiés à leur conduite. Pour moi je me plains de la nature, laquelle ne devoit pas me donner tant de connoissance, sans me donner en même tems les moyens de la mettre en usage. Je ne pense pas même étant déjà vieux, en pouvoir jamais trouver l'occasion ; ainsi je vous ai volontiers communiqué mes pensées là - dessus, parce que comme vous êtes jeunes, et qualifiés, si vous les approuvez vous pourrez dans l'occasion les proposer & les conseiller à vos princes. Et n'ayez point d'appréhension que cette conjoncture favorable ne naisse pas un jour; car même il me semble que ces pays-ici sont destinés à faire revivre les choses mortes, comme cela a paru à l'égard de la poèsie, & de la peinture & de la sculpture. Pour ce qui me regarde, je ne me flatte pas de voir ces tems bienheureux, vû l'âge où je suis : mais si la fortune m'avoit donné un état assez grand pour former une telle entreprise, j'aurois assurément fait voir à toute la terre combien l'ordre ancien est préférable à celui d'aujourd'hui, & jaurois par-là conquis les états de mes ennemis avec gloire, ou perdu le mien sans honte.

Fin du septieme & dernier Livre, de l'Art de la Guerre, & du Tome VII.

u tome 7.

dd   oooooooooooooooddddd   rrrrr
dd   oooooooooooooooddddd   rrrrr
dd C ooooooooooooooooddddd C rrrrr B
dd   oooooooooooooooddddd   rrrrr
dd   oooooooooooooooddddd   rrrrr

premiere figure, qui se raporte à la page 306 du tome 7.

```
rrrrr ooooooooooooooooooooooooo ddddd   ooooooooooooooodddd   oooooooooooooocdddd   oooooooooooooooddddd  r····
rrrrr ooooooooooooooooooooooooo ddddd   ooooooooooooooodddd   oooooooooooonocdddd   oooooooooooooooddddd  rrrri
rrrrr ooooooooooooooooooooooooo ddddd C oooooooooooooodddd C ooooooooooooocdddd C ooooooooooooooddddd C rrrrr B
rrrrr ooooooooooooooooooooooooo ddddd . ooooooooooooodddd   ooooooooooooocdddd   oooooooooooooodddd   rrrrr
rrrrr xxxxxxxxxxxxxxxxxxxxxx ***** ooooooooooooooodddd   ooooooooooooocdddd   oooooooooooooodddd   rrrrr

                          C                          C
                                              rrrrr
           rrrrrrrrrrrrrrrrrrrrrrrr    rrrrrr
           xxxxxxxxxx xxxxxxxxxx        ******
           ooooooooooooooooooooooooo    dddddd
           ooooooooooooooooooooooooo    dddddd
           ooooooooooooooooooooooooo    dddddd
           ooooooooooooooooooooooooo    dddddd
           ooooooooooooooooooooooooo    dddddd
           ooooooooooooooooooooooooo    dddddd
           ooooooooooooooooooooooooo S  dddddd
           ooooooooooooooooooooooooo B  dddddd Front
           ooooooooooooooooooooooooo Z  dddddd
           ooooooooooooooooooooooooo    dddddd
           ooooooooooooooooooooooooo    dddddd
           ooooooooooooooooooooooooo    dddddd
           ooooooooooooooooooooooooo    dddddd
           ooooooooooooooooooooooooo    dddddd
           ooooooooooooooooooooooooo    dddddd
           ooooooooooooooooooooooooo    dddddd
           xxxxxxxxxx xxxxxxxxxx        ****
           rrrrrrrrrrrrrrrrrrrrrrrr    rrrrr
                          C              rrrrr  C
```

lu tome 7.

rr*dddddddddddddddd*rr
rr*dddddddddddddddd*rr C B
rr*dddddddddddddddd*rr
rr*dddddddddddddddd*rr

r C

C

deuxieme figure qui se rapporte à la page 313 du tome 7.

```
rxooooooooooooooooooooxr   rxooooooooooooooooooooxr   rxooooooooooooooooooooxr   rr*ddddddddddddddddd*rr
rxooooooooooooooooooooxr C rxooooooooooooooooooooxr C rxooooooooooooooooooooxr C rr*ddddddddddddddddd*rr C B
rxooooooooooooooooooooxr   rxooooooooooooooooooooxr   rxooooooooooooooooooooxr   rr*ddddddddddddddddd*rr
rxooooooooooooooooooooxr   rxooooooooooooooooooooxr   rxooooooooooooooooooooxr   rr*ddddddddddddddddd*rr
```

Front.

```
C rr* ddddddddddddddddddd* rr C
  rr* ddddddddddddddddddd* rr
  rr *dddddddddddddddddddd* rr
  rr *dddddddddddddddddddd* rr
  rr *dddddddddddddddddddd* rr
    rxooooooooooooooooooooXr
    rxooooooooooooooooooooXr
    rxooooooooooooooooooooXr
    rxooooooooooooooooooooXr
    rxooooooooooooooooooooXr
    rxooooooooooooooooooooXr
    rxooooooooooooooooooooXr
    rxooooooooooooooooooooXr
    rxooooooooooooooooooooXr
    rxooooooooooooooooooooXr
    rxooooooooooooooooooooXr
    rxooooooooooooooooooooXr
    rxooooooooooooooooooooXr
    rxooooooooooooooooooooXr
    rxooooooooooooooooooooXr
  C                       C
```

age 3 1 7 du tome 7.

uillon pour qu'il ait deux aîles,
t milieu.

```
'ooooo    rrrrrrrrrrrr rrrrr r rrrrrr
'ooooo    ddddddddddddddddddddddddd
'ooooo  C dddddddddd*****ddddddddd
'ooooo    xxxxxxxxxxxoxooxooxooxooo
 ooooo    oooooooooooooooooooooo o
          o ooooooooooooooooooooo o
```

```
        C rrrrrrrrrrrrrrrrrrrrrrrr C
          dddddddddddddddddddddddddd
          ddddddddad*****ddddddddddd
          xxxxxxxxxxxoxooxooxooxooo
          ooooooooooooooooo
          ooooooooooooooooo
          ooooooooooooooooo
          ooooooooooooooooo s
          ooooooooooooooooo B  Front.
          ooooooooooooooooo z
          ooooooooooooooooo
          ooooooooooooooooo
          ooooooooooooooooo
          ooooooooooooooooo
          ooooooooooooooooo
          ooooooooooooooooo
          o oooooooooooooooooooooo o
          o ooooooooooooooooooooo o
          xxxxxxxxxxxoxooxooxooxooo
          dddddddddd*****ddddddddddd
          dddddddddddddddddddddddddd
        C rrrrrrrrrrrrrrrrrrrrrrrr C
```

ART DE LA GUERRE.

Troisieme figure , qui se rapporte à la page 3 1 7 du tome 7.

*Cette Figure démontre comment il faut disposer un Bataillon pour qu'il ait deux ailes ,
puis , pour avoir une place au milieu.*

```
ooooooooooooooooooooooo   oooooooooooooo   oooooooooooooo   rrrrrrrrrrrrrrrrrrrrrrrr
o oooooooooooooooooooooo o oooooooooooooo   oooooooooooooo   ddddddddddddddddddddddddd
xxxxxxxxxxoxooxooxooxooo C ooooooooooooooo C ooooooooooooooo C ddddddddd*****ddddddddd
ddddddddd*****ddddddddd   oooooooooooooooo   oooooooooooooo   ddddddddd*****ddddddddd
dddddddddddddddddddddddd   ooooooooooooooo   oooooooooooooo   xxxxxxxxxxxoxooxooxooxooo
rrrrrrrrrrrrrrrrrrrrrrr                                       o oooooooooooooooooooooo o
                                                             o oooooooooooooooooooooo o

        Front.


C rrrrrrrrrrrrrrrrrrrrrrr C                   C rrrrrrrrrrrrrrrrrrrrrrrr C
  ddddddddddddddddddddddd                       ddddddddddddddddddddddd
  ddddddddd*****ddddddddd                       ddddddddd*****ddddddddd
  xxxxxxxxoooooooooooxxxxxx                      xxxxxxxxxxxoxooxooxooxooo
  o ooooooooooooooooooooo o                      oooooooooooooo
  o ooooooooooooooooooooo o                      oooooooooooooo
  ooooooooo   s B z   ooooooooo                  oooooooooooooo
  ooooooooo           ooooooooo                  ooooooooooooo o   s
  ooooooooo           ooooooooo                  ooooooooooooooo   B   Front.
  ooooooooo           ooooooooo                  ooooooooooooo   z
  ooooooooo           ooooooooo                  ooooooooooooo
  ooooooooo           ooooooooo                  oooooooooooooo
  ooooooooo           ooooooooo                  oooooooooooooo
  ooooooooo           ooooooooo                  oooooooooooooo
  ooooooooo           ooooooooo                  oooooooooooooo
  ooooooooo           ooooooooo                  oooooooooooooo
  o ooooooooooooooooooooo o                      o oooooooooooooooooooo o
  o ooooooooooooooooooooo o                      o oooooooooooooooooooo o
  xxxxxxxoooooooooooxxxxxxx                      xxxxxxxxxxxoxooxooxooxooo
  ddddddddd*****ddddddddd                        ddddddddd*****ddddddddd
  ddddddddddddddddddddddd                        ddddddddddddddddddddddd
C rrrrrrrrrrrrrrrrrrrrrrr C                   C rrrrrrrrrrrrrrrrrrrrrrrr C
```